회복하는 교회

회복하는 교회
ⓒ 생명의말씀사 2020

2020년 6월 25일 1판 1쇄 발행

펴낸이 | 김재권
펴낸곳 | 생명의말씀사

등록 | 1962. 1. 10. No.300-1962-1
주소 | 서울시 종로구 경희궁1길 5-9(03176)
전화 | 02)738-6555(본사)·02)3159-7979(영업)
팩스 | 02)739-3824(본사)·080-022-8585(영업)

지은이 | 문화랑, 이정규, 김형익, 양승언, 이춘성, 서창희
공동기획 | 고상섭

기획편집 | 서정희, 장주연
디자인 | 김혜진, 윤보람
인쇄 | 영진문원
제본 | 정문바인텍

ISBN 978-89-04-16716-6 (03230)

저작권자의 허락없이 이 책의 일부 또는 전체를
무단 복제, 전재, 발췌하면 저작권법에 의해 처벌을 받습니다.

회복하는 교회

우리가 다시 모일 때

문화랑 이정규 김형익 양승언 이춘성 서창희

생명의말씀사

추천사_ 포스트 코로나 시대에 교회가 나아가야 할 중요한 첫걸음   6
서문_ 회복하는 교회, 우리가 다시 모일 때   8

1부 • 하나님과의 관계

1. 예배의 회복
하나님 중심적인 예배를 회복하라 _문화랑   14

2. 말씀의 회복
작은 하나님을 다시 큰 하나님으로 _이정규   38

2부 • 사람과의 관계

3. 공동체의 회복
예배당 공동체에서 관계적 공동체로의 전환 _김형익   62

4. 양육과 훈련의 회복
다시 모이는 교회, 세상으로 흩어지는 교회를 위한 훈련 _양승언   90

3부 • 세상과의 관계

5. 세계관의 회복
뉴노멀 시대(New Normal Age)의 기독교 세계관 _**이춘성**   118

6. 사회적 책임과 섬김의 회복
새로운 섬김이 온다:
운동성과 지역성을 활용하라 _**서창희**   146

주   180

추천사

포스트 코로나 시대에
교회가 나아가야 할 중요한 첫걸음

사회학자인 로드니 스타크(Rodney Stark)는 『기독교의 발흥』에서 "변방의 조그마한 신앙 공동체인 기독교가 어떻게 로마를 정복하고 지금까지 2천 년 역사를 이어올 수 있었는가?"를 질문하면서, 두 번에 걸쳐 발생된 전염병에 대해 기독교가 이교도와 다른 대처를 했기 때문이라고 기록했습니다. 전염병을 두려워해 도망간 이교도와는 달리 부활의 능력이 죽음을 이긴다는 것을 믿고 있는 그리스도인들은 시체를 치우고 장례를 치르는 등의 일을 통해 세상을 섬겼습니다. 우리에게도 이런 '발상의 전환'이 필요한 때인 것 같습니다.

코로나 이후의 교회는 코로나 사태를 뒷수습만 하는 것이 아니라, 선제적으로 사회와 민족에게 대안을 제시하고 섬기는 모습으로 나아가야 합니다. 이때야말로 복음의 능력을 보여줄 수 있는 기회입니다.

이런 점에서 저는 이 책이 반갑고 감사합니다. 그리고 '코로나 이후의 교회는 어떤 모습이 되어야 하는가?'에 대해 여섯 분의 목회자들이 내놓은 하나님과의 관계, 사람과의 관계, 세상과의 관계에 대한 대안을 숙고하게 됩니다.

눈물과 기도와 비전을 통해 무너진 성벽을 다시 세운 느헤미야처럼 이 책은 포스트 코로나 시대에 교회가 나아가야 할 중요한 첫걸음을 인도하는 지혜로운 안내자가 되어줄 것입니다. 단순히 코로나 사태를 평가하는 책이 아니라, 앞으로 회복되어야 할 교회의 본질을 이야기하는 이 책을 기쁘게 추천합니다.

_이찬수 (분당우리교회 담임목사)

서문

회복하는 교회, 우리가 다시 모일 때

지난 몇 달 동안 코로나19 사태로 한국을 비롯한 전 세계가 혼란의 연속이었다. 그 상황을 지나면서 가장 크게 홍역을 앓은 곳이 있다면 아마도 교회가 아닐까 생각한다. 처음 이단 집단에서 코로나19가 확산되었을 때 교회가 덩달아 모함을 받기도 했고, 주일 성수와 사회적 거리 두기의 갈등 속에서 세상이 이단과 동일한 시선으로 교회를 바라보기도 했다.

교회 내부에서도 여러 가지 갈등들이 터져 나왔다. "주일예배를 성수해야 하는가?", "이웃을 위해 예배를 중단해야 하는가?" 하는 문제부터 인터넷 성찬에 이르기까지 한 번도 경험해보지 못했던 상황들이 여기저기에서 불거졌다. 또 주일예배를 온라인으로 드리는 교회가 많아졌고, 이러한 상황이 장기화되면서 여러 가지 우려들도 생겨났다.

어떤 사물이 만들어지거나 어떤 사태가 일어나면서 세상의 패러다임이 변화된 경우는 종종 있어왔다. 인터넷과 개인용 컴퓨터가 상용화된 시대는 이전 세상과는 완전히 다른 종류의 세상을 만들었다. 또 과학과 기술의 진보에 희망을 가지고 유토피아를 꿈꾸던 계몽주의 시대에도 제1, 2차 세계대전을 겪으면서 인간 안에 소망이 없음을 발견하기도 했다. 그렇다면 앞으로의 시대는 어떤 시대가 될 것인가? 이런 현실 속에서 앞으로 교회는 어떻게 해야 할 것인가?

"어두움을 저주하기보다는 한 줄기 빛을 비추라"라는 말처럼, 오늘날 교회에 필요한 것은 현실에 대한 우려 섞인 비판이 아니라 다시 한 번 회복할 수 있는 소망의 빛을 붙드는 일이어야 할 것이다.

이런 고민을 가지고 6명의 목회자들이 포스트 코로나(Post Corona, 코로나 이후) 시대에 교회가 회복해야 할 본질들에 대해 생각해보았다. 아무리 온라인 예배가 편리함을 가져다준다 한들 사람은 혼자 사는 것이 좋지 아니한(창 2:18) 관계의 존재로 창조되었으며, 공동체로 하나 되는 존재다. 오늘날 교회에게 필요한 것은 온라인 예배의 무용성이 아니라 공동체의 회복일 것이다.

코로나19가 한국 사회와 교회에 많은 어려움을 주었지만, 한편으로 교회가 가지고 있던 그간 바꾸지 못했던 모습을 드러나게 해줌으로써 변화의 시작을 알리는 계기가 되기도 했다. 한국 사회가 늘 어려움을 겪으면서 더욱 하나 되어 극복해냈던 것처럼, 한국 교회도 이제는 하나가 되어서 앞으로의 시대에 더욱 견고한 공동체로 거듭나야 할 것이다.

코로나19 사태를 거치면서 가장 첨예한 이슈가 되었던 주제들인 "예배", "말씀", "공동체", "양육과 훈련", "세계관", "사회적 책임과 섬김"을 중심으로 6명의 전문가들이 함께 머리를 맞대었다.

예배는 어떻게 달라져야 하는가?
고난의 시대에 어떻게 말씀을 전해야 하는가?
교회 공동체는 어떤 모습이어야 하는가?
교회의 양육과 훈련은 어떻게 변화되어야 하는가?
교회는 어떤 세계관을 가지고 살아야 하는가?
교회는 어떻게 사회적 책임을 감당하며 세상을 섬겨야 하는가?

이 같은 6가지 주제는 목회에서 중요한 뼈대인 '하나님과의 관계'(예배, 말씀), '사람과의 관계'(공동체, 양육과 훈련), '세상과의 관계'(세계관, 사회적 책임과 섬김)를 보여준다.

코로나 이후의 시대에는 여러 가지 많은 변화가 있겠지만, 결국 인간은 동일하고, 세상도 동일하며, 하나님은 여전히 변함없으신 분이다. 그러므로 어려운 현실 문제의 답을 찾기 위해서는 늘 본질로 돌아가야 한다. 가장 중요한 하나님, 사람, 세상과의 관계 속에서 우리가 놓치고 있었던 것은 무엇이며, 앞으로의 시대에 어떻게 살아가야 하는지에 대해 본질로 돌아가 질문하고 답을 찾아야 할 것이다.

이 책을 기획하면서 한때의 유행으로 끝나는 아이디어를 담는 책이 아니라 앞으로의 시대에 표지가 되는, 우리를 근원으로 인도하는 안내서를 만들고 싶었다. 그래서 각 주제에 대해 전문적으로 고민하고 연구해온 목회자들을 중심으로 포스트 코로나 시대에 우리가 회복해야 할 것들을 묻고 답하는 시간을 가졌다.

아무리 훌륭한 답변이라 할지라도 완벽한 해답이란 세상에 존재하지 않을 것이다. 이 책은 일찍부터 고민하고 연구한 목회자들의 의견이지만 하나의 완벽한 해답을 제시하는 것이 아니라 함께 고민하는 장을 마련하는 시작이라 해야 할 것이다. 아무쪼록 이 책이 코로나19로 어려움을 겪고 있는 교회들에게 앞으로 나아갈 새로운 소망의 출발이 되었으면 좋겠다.

포로기 때 절망에 사로잡힌 예레미야는 고통스런 상황 속에서도 '아침마다 새로우신 하나님'을 바라보며 소망을 가졌다. 이런 소망이 오늘 우리에게도 필요하지 않을까? 우리는 부족하지만 신실하신 하나님이 또다시 우리에게 긍휼을 베풀어주시기를 기도드린다.

"내 고초와 재난 곧 쑥과 담즙을 기억하소서 내 마음이 그것을 기억하고 내가 낙심이 되오나 이것을 내가 내 마음에 담아두었더니 그것이 오히려 나의 소망이 되었사옴은 여호와의 인자와 긍휼이 무궁하시므로 우리가 진멸되지 아니함이니이다 이것들이 아침마다 새로우니 주의 성실하심이 크시도소이다"(애 3:19–23).

_고상섭 목사

The Restoring Church

1부

하나님과의 관계

1.
예배의 회복

하나님 중심적인 예배를 회복하라

포스트 코로나 – 예배는 어떻게 달라져야 하는가?

_문화랑

> "예배가 인간 존재의 현실과 분리될 때 우리는 그 예배의 본질과 의미에 대해 질문을 던져야만 한다. …예배는 이 세상 가운데서 이루어지는 것이지만, 동시에 기독교적 삶에 대한 가르침 및 실천과 연결된다."
> — 돈 샐리어스(Don Saliers)

2020년 초 시작되어 단숨에 전 세계로 퍼져버린 코로나19 바이러스는 엄청난 재앙을 몰고 왔다. 특유의 강한 전염성으로 수백만의 사람들을 감염시켰고, 백신이 개발되지 않아 필자가 글을 쓰는 지금도 이 병으로 수많은 사람이 죽어가고 있다. 호흡기를 통해 감염되는 이 무서운 병은 감염의 매개가 되는 사람과의 접촉, 대면 자체를 무섭고도 위험한 행위로 인식하게 만들었다.

이런 사회적 상황은 교회의 예배 회집에도 큰 영향을 미치고 있다. 일제 강점기 종교 탄압의 힘든 상황 속에서도 공적 예배를 포기하지 않았던 한국 교회는 코로나19 사태 속에서도 두려워하지 않고 주일 공예배를 지속시키려 했다. 그러나 신천지 이단의 집회로 인해 전국적인 감염 확산이 일어나며 사회적으로 종교 단체의 모임 자체를 자제해달라는 분위기가 퍼지게 되었다.

교계에서도 교회가 대규모 감염의 온상지가 되어서는 안 되고 정부의 시책에 적극 협력해야 한다는 사회적 책임과 공공성에 대한 차원이 강조되면서 전국의 많은 교회가 온라인 예배를 실시했다.[1] 그러나 코로나19 사태가 장기화되고 언제 끝날지 예측할 수 없는 형편이라 신자의 신앙에 영향을 미치는 온라인 예배의 부작용을 지적하고 속히 현장 예배로 돌아가야 한다고 주장하는 목회자와 성도들도 늘어났다.

온라인 예배 실시는 다양한 신학 논쟁도 촉발시켰다. 먼저 온라인 예배가 성도들을 수동적인 관람자로 만들며, 좋은 콘텐츠를 제공하는 채널로 옮기는 소비자적 마인드를 심화시킨다고 우려하는 목소리가 높아지고 있다.[2] 꼭 주일에만 예배를 드려야 하는지, 교회당에서만 공예배를 드려야 하는지에 대한 논쟁도 있다. 더 나아가 성금요일이나 부활주일에 성찬식을 실시하는 교회들이 많은데, 이 상황에서 온라인 성찬식 실시의 타당성에 대한 논쟁이 촉발되었다.

다양한 신학적 논쟁들이 제기되며 신학자들, 목회자들, 성도들은 각기 자신의 신학적, 신앙적 신념들을 쏟아내고 있으며, 때로는 서로의 관점에 대해 날 선 비판을 하기도 한다.

이런 상황 속에서 한국 교회는 어떤 자세를 취해야 할 것인가? 코로나19 백신이 개발되면 이 상황은 분명 종식될 것이다. 그러나 코로나 이전의 목회 상황과는 다른 국면이 전개될 것이다. 수개월 동안 온라인 예배를 가정에서 드리면서 공적 예배가 더욱 소중하게 느껴졌다고 말하는 성도들도 많이 있지만, 그간 실시한 온라인 예배의 경험은 분명 성도들의 마음속에 또 다른 습관(habitus)을 형성해 신학적, 실천적 질문들을 야기할 것이다.

그렇다면 신앙생활의 박동이며 영혼의 호흡과도 같은 교회의 예배가 어떻게 회복되어야 할 것인가? 이 글은 코로나 이후 온 성도가 예배당에 다시 모일 때 우리의 예배는 어떻게 회복되어야 하며, 목회자와 성도들은 무엇을 준비해야 할지에 대해 살펴보고자 한다.

예배, 무엇이 회복되어야 할 것인가?

1. 공적 예배의 소중함

예배는 교회의 심장 박동과도 같다. 예배는 신앙생활의 근간을 형성하고 영적 활력을 공급하는 원천이다. 예배를 통해 성도들은 하나님을 만나며(encounter) 하나님의 은혜를 경험한다. 사도 바울은 에베소서 1장 6절에서 우리는 하나님의 "은혜의 영광"을 찬송하도록 지으심을 받았다고 말했다. 즉 우리의 존재 이유가 바로 하나님을 예배하는 데 있다는 것이다.

성경은 신앙의 선진들이 하나님을 어떻게 예배했는지, 하나님은 어떤 예배를 원하시는지에 대한 이야기로 가득 차 있다. 하나님은 성도들을 교회로 부르시고, 성도들은 교회를 통해 하나님을 예배하며 훈련받고 성장한다. 예배를 통해 우리는 하나님을 경배하고, 은혜의 방편인 말씀과 성찬을 통해 신앙 성숙의 길을 걷는다. 그러므로 예배는 회중을 결집시키고 신앙형성적인 힘(formative power)을 가진다.

무엇보다 공적 예배가 중요한 이유는 우리의 예배에 삼위 하나님이 함께하시기 때문이다. 하나님의 임재는 인간의 요청에 좌우되는 것이 아니라 하나님의 주권적 자유다. 그러나 "두세 사람이 내 이름으로 모인 곳에는 나도 그들 중에 있느니라"(마 18:20)라고 하신 하나님의 약속을 신실하신 하나님이 지키실 줄을 믿기에, 우리는 하나님의 은혜를 기대하며 공예배를 대단히 소중히 여긴다.

예배당 건물 자체가 거룩한 것이 아니다. 그러나 하나님의 약속을 믿고 주님을 예배하기 위해 성도들이 모인 그곳이 거룩한 자리가 된다. 그러므로 예배에 참여하는 것 자체가 매우 중요하다.[3]

사실 우리는 코로나19 사태로 인해 불가피하게 공적인 모임을 멈추고 가정예배나 온라인 예배로 주일예배를 대체하게 되었다. 이 과정에서 여러 가지 신학적 숙고가 등장했고 수많은 성도와 신학자가 여러 논의를 쏟아내고 있다. 그런 논의의 기저에는 항상 '교회를 사랑하는 마음'과 "모이기를 폐하는 어떤 사람들의 습관"(히 10:25)과 같이 하지 않도록 교회의 공동체성을 고려하는 정신이 있어야 한다.

우리는 성도들이 함께 모여 드리는 공예배가 기독교의 정체성을 형성하는 가장 중요한 요소임을 기억해야 한다. 공적 예배를 통해 우리는 하나님의 구원 역사를 기억하고, 우리를 구원하신 하나님의 역사를 기대한다. 특히 주일예배는 하나님의 창조와 그리스도 안에서의 새 창조를 기념한다. 부활하신 예수님을 통해 성취된 죄와 죽음으로부터의 해방을 기념한다.[4]

성도들이 함께 모여 하나님의 말씀을 받고 성찬을 받으며 삼위 하나님의 구원 역사를 기억할 때, 그 기억이 그리스도인의 정체성을 형성하고 우리가 주님 안에서 하나임을 깨닫게 한다. 그러므로 공적 예배는 이 세상 어떤 것으로도 대체될 수 없고, 세상의 어떤 기관으로부터도 위협받을 수 없다.

코로나19 사태 이전에도 한국 교회는 '가나안 성도'의 증가로 골머리를 앓아왔다. 성도의 모임과 교제가 왜 중요한지, 예배의 현장에 참여하는 것이 왜 중요한지에 대한 신학적, 실천적 해결 방안이 제시되기도 전에 수개월간 공적 예배를 드리지 못하게 된 작금의 상황은 코로나 이후 성도들의 주일성수와 공예배에 대한 인식에 좋지 않은 영향을 미칠 수 있다. 목회자와 교회의 지도자들은 우리의 예배가 왜 중요하며, 왜 우리는 매주 모여야 하는지 교회의 설교를 통해, 그리고 특강과 교육을 통해 지속적으로 가르쳐야 한다.

우리의 공적 예배의 요소와 순서에는 성경의 진리가 녹아져 있다. 말씀과 성찬을 중심으로 배치된 예배의 여러 요소들은 병치되어 성도들에게 의미를 부여한다. 설교뿐 아니라 공예배의 다양한 요소들이 성도들의 마음 문을 두드리며 변화를 요청한다. 우리는 말씀을 통해서도 은혜를 받지만, 함께 찬양하면서, 함께 통성으로 기도하면서 크신 하나님의 임재를 체험한다.

한 번의 예배 참여가 자동적으로 변화를 보장하는 것은 아니다. 그러나 한 방울의 물 자체는 아무 힘이 없지만 반복적으로 한 지점에 떨어지면 돌을 가르듯이, 매주 반복되는 주일예배는 성도들의 신앙과 내면을 형성시킨다. 우리는 예배를 통해 하나님을 만나고, 또 다른 사람이 되어 다음 주 예배에 참여한다. 그러므로 무엇보다 중요한 것은 참여(participation)다. 예배 현장에 우리가 육체적으로 참여하고, 공동체가 예배 예전을 시행하면서 우리는 하나님의 사람으로 함께 만들어져간다.[5]

일반적으로 개인의 신앙은 나약할 수 있다. 경건의 훈련은 한순간에 이루어지는 것이 아니다. 한평생 거룩한 습관을 훈련할 때 형성되는 것이다. 하나님은 우리의 연약함을 아시고, 게으름과 나태에 빠지거나 포기하지 않도록 교회를 통해 우리에게 신앙의 동역자들을 허락하셨다. 그리고 함께 손을 잡고 구도자의 길을 걸어가게 하셨다. 우리는 모임의 은혜가 얼마나 큰 것인지를 깨달아야 한다.

16세기 종교개혁이 '교회 개혁'이었고, 교회의 개혁이 '예배 개혁'에서 시작되었듯이, 한국 교회의 회복은 예배의 회복으로부터 시작될 것이다. 우리는 공적 예배를 소중히 여기고, 모이기에 힘쓰며, 진정한 예배의 회복을 열망해야 한다. 매 주일 우리에게 다가오는 공적 예배는 신앙의 정체성과 신앙생활의 리듬을 형성해 세상의 어떤 상황 속에서도 교회를 굳건히 지키는 역할을 감당할 것이다.

2. 예배의 쌍방향성을 회복하라

코로나19 바이러스로 인해 부득이하게 온라인 예배를 수개월간 드리게 되면서 신학자, 목회자, 성도들이 그 어느 때보다 예배에 관심을 더 많이 가지게 되었다. 그동안 한국에서 충분한 관심을 받지 못했던 예배학 분과가 논의의 핵심에 등장했고, 각 신학교의 예배학 교수들에게 많은 질문과 원고 청탁이 들어오고 있다.

"온라인 예배가 정당한가? 온라인 예배가 성도들의 신앙 형성에 악영향을 미치지 않겠는가?" 하는 목회적인 질문부터 "온라인 성찬이 가능한가?", "가상현실과 증강현실을 활용한다면 공간적 차이를 극복하고 시간적 동질성을 가질 수 있지 않겠는가?" 하는 최첨단의 질문까지, 정말 다양한 질문들이 제기되고 있다.[6]

사실 예배학자로서 예배에 대한 관심과 질문들이 반갑기도 하지만, 과연 이런 논의들이 한국 교회와 신자들의 신앙 형성에 얼마나 유익이 있을까 하는 우려도 하게 된다. 우리의 연구와 논의의 바탕에는 교회를 사랑하는 마음과 교회와 성도들의 영적 유익에 대한 고려가 있어야 한다. 학문적 관심에서 비롯되어 이슈화된 논의들은 때때로 학문적 유희에 그칠 때가 많다.

일상적인 상황에서의 예배이든, 온라인으로 드리는 예배이든 우리가 드리는 예배에 있어서 가장 중요한 것은, 예배는 쌍방향적이라는 것이다.[7] 우리의 예배에는 두 가지 움직임(two-way movement)이 있다. 먼저 하나님이 우리에게 다가오신다. 하나님은 인간을 부르시며 예배의 자리로 우리를 초대하신다. 성도는 여기에 반응한다.

하나님의 부르심에 대한 반응의 표현은 다양하다. 송영으로 하나님을 찬양하기도 하고, 우리의 신앙고백으로 나아가기도 한다. 하나님은 우리에게 말씀을 주시고, 인간 설교자의 입술을 통해 하나님의 뜻을 나타내신다. 사람은 하나님이 주신 은혜에 감사해 봉헌으로, 찬양과 기도로 하나님 앞에 나아간다.

그러므로 우리의 주보에 적힌 모든 예배 순서는 하나님이 우리에게 나아오시는 방향의 화살표와 우리가 하나님께 나아가는 방향을 나타내는 화살표로 표현할 수 있다. 즉 예배는 하나님이 우리에게 나아오시고, 우리가 하나님께 나아가 조우하며 교제하는 시간이다. 예배를 통해 우리는 하나님을 인격적으로 만나는 은혜를 누린다. 그러므로 예배는 한 방향적인 것이 아니라 쌍방향적인 것이다. 과거로부터 지금까지 어떤 예배의 전통을 가지고 있든지 이러한 쌍방향성은 기독교 예배를 특징짓는 중요한 요소가 되어왔다.

코로나19로 인한 온라인 환경 속에서의 예배는 일방적인 예배가 되기 쉬웠던 것 같다. 화면을 통해 일방적으로 메시지가 전달되며, 음악가들의 연주(혹은 찬양)를 성도들은 지켜본다. 성도들이 표현하고 참여할 수 있는 예배의 요소가 많지 않다.

그런데 곰곰이 생각해보면, 이것은 꼭 온라인 환경 속에서뿐 아니라 일반적으로 규모가 있는 교회들이 드리는 주일예배의 모습과 별다른 차이가 없다. 예배가 쌍방향적이라면 성도들이 충분히 능동적이며 적극적으로 자기의 입술을 열고 예배에 몰입해나가는 요소와 순서들이 있어야만 한다. 예배가 하나님과 우리의 만남과 교제라면 하나님이 우리에게 나아오시는 순서와 우리가 응답하는 순서가 적절히 배열되어 있어야 한다. 그러나 교회마다 차이가 있겠지만, 이 부분이 고려되어 잘 기획된 예배를 드리기가 쉽지 않은 것 같다.

코로나19 사태를 경험하며 필자의 친한 친구 목사가 이런 이야기를 들려주었다. 집에서 예배를 드리자고 가족들에게 말하면서 컴퓨터와 연결된 텔레비전 화면을 켰다. 그리고 콘텐츠를 클릭했다. 어느 날엔가는 예배를 드리자고 하면서 먼저 성경책을 폈다. 그러자 어린 딸이 "아빠, 예배드리는데 왜 컴퓨터를 안 켜요?"라고 진지하게 물었다고 한다. 몇 달간의 경험이지만 분명 아이의 예배에 대한 개념 형성에 영향을 준 것이다. 하물며 성인 성도들의 경우 예배에 대한 개인적 생각이 달라진 부분들이 많이 있지 않겠는가?

코로나 이후 성도들이 교회에 모였을 때 수개월의 경험으로 예배에 대한 다양한 생각을 내어놓겠지만, 어떤 상황 속에서도 변하지 않는 예배의 원리가 있다면 예배는 쌍방향적이어야 한다는 것이다. 이 단순해 보이는 원리는 개교회 예배의 골격을 세우는 데 중요한 역할을 하게 될 것이다.

3. 성도들이 능동적으로 참여할 수 있는 예배가 되도록 하라

온라인 예배를 드리면서 성도들은 다양한 반응을 이야기했다. 어떤 성도들은 "현장에서 예배를 드리지 못하니 너무나도 답답하다. 온라인 예배를 통해서 현장 예배가 얼마나 소중한지 깨닫게 되었다"라고 말했다. 그러나 어떤 성도들은 온라인 예배가 나름대로 편리한 점들이 있고, 이로 인해 앞으로 '가나안 성도'들의 숫자가 더욱 확대될 것이라고 전망하기도 한다. 교회에 헌신적이고 충성심이 높은 장년, 노년 성도들은 걱정이 없지만 젊은 층들은 꼭 교회에 가지 않고 인터넷을 통해 개인 신앙생활을 할 가능성이 높다는 것이다.

어떤 목회자들은 인터넷 예배의 가장 큰 단점은 성도들이 예배에 능동적으로 참여할 수 없는 것이라고 지적한다. 집에서 예배를 드리면서 사람들은 어쩔 수 없이 컴퓨터나 텔레비전 화면 앞에 앉아 진행되는 예배 화면을 볼 뿐이라는 것이다.

그러나 한번 생각해보자. 대다수 한국장로교회의 주일예배에서도 회중이 능동적으로 참여하고 있는가? 적극적이고 능동적으로 찬송을 부르고 있는가? 아니면 찬양팀과 찬양대의 퍼포먼스를 감상하고 있지는 않은가? 성도들이 능동적으로 참여할 수 있는 예배의 요소와 순서가 있는가? 아니면 설교 중심의 예배 속에서 설교를 들었으면 예배를 드렸다고 생각하고 있지는 않은가?

1960년대에 있었던 제2차 바티칸공의회의 전례헌장(Sacrosanctum Concilium)을 통해서 성도들의 적극적이고 능동적인 예배 참여에 대한 관심이 범교단적으로 확산되었다.[8] 여러 예배 전통 중에서도 가장 보수적인 예전이라 평가받는 로마 가톨릭교회가 그 시대를 살아가는 성도들이 예배에 적극적이고 능동적으로 참여할 수 있도록 변화의 노력을 기울인 것이 여러 개신교회에도 신선한 충격을 주었고, 그 결과 예전 갱신 운동과 예배서의 작성과 개정 작업들이 일어났다.

예배에는 다양한 순서들이 있다. 예를 들면, 예배로의 부름, 송영, 목회기도, 성도들의 기도, 신앙고백, 죄의 고백, 사죄의 선언, 성경봉독, 조명을 위한 기도, 설교, 축도와 같은 것들이다. 그런데 예배학을 공부해보면, 우리가 잘 안다고 생각하는 이런 요소들을 어떻게 활용하느냐에 따라서 성도들에게 예배 참여의 기회를 확대할 수 있다.

한 예로, 조명을 위한 기도는 성경의 저자이신 성령이 말씀을 깨닫게 해달라고 목회자가 기도하는 것이다. 그러나 주보에 이 기도문을 실어서 모든 성도가 함께 낭독할 수도 있다. 성도들은 기도문을 함께 낭독하며 설교에는 성령의 역사가 있어야 하며, 설교는 단순한 인간의 말이 아니라 하나님이 하나님의 말씀을 인간 설교자를 통해 주시는 것이라는 암묵적 지식을 가지게 된다.

성경 봉독도 마찬가지다. 근래 북미의 개혁교회에서는 화자가 다양한 본문일 경우 여러 성도들이 나와 성경을 읽기도 한다. 신앙고백은 우리가 익히 알고 있는 사도신경을 함께 암송할 수도 있지만, 설교자와 청중이 문답식으로 고백할 수도 있다. 기도의 패턴도 마찬가지다. 때로는 회중이 통성 기도를 할 수도 있지만, 사회자와 청중이 번갈아 가면서 기도문을 읽을 수도 있다.

예배에는 다양한 패턴들이 있다. 우리가 어린 시절 신앙생활 했던 교회의 예배 방식이 전부가 아니다. 앞으로 각 교단은 예배서를 풍성히 하는 작업을 통해 개교회의 담임목회자들에게 예배를 기획할 자료를 제공해야 하고, 목회자들과 성도들은 단지 대형교회의 새로운 예배 스타일을 모방할 것이 아니라 예배의 요소와 순서들을 공부하며 예배를 풍성하게 기획할 필요가 있다.

앞으로 한국의 많은 교회가 쇠퇴의 길을 걷게 될 것이다. 대형교회는 살아남을 힘이 있겠지만, 많은 중형교회는 소형화의 길을 걷게 될 것이다. 소형교회들이 생존을 위해 몸부림치는 시대가 이미 도래했다.

이 시점에서 미국 루터교회의 예를 살펴볼 필요가 있다. 미국 루터교회의 경우 약 600만 명의 신자가 있다고 하지만, 각 개체교회의 규모는 그리 크지 않다. 그들의 예전적인 예배에 대해 호불호가 있겠지만, 예배의 쌍방향성이라는 토대에서 성도들의 능동적 참여를 고려하는 예배를 통해 성도들은 훈련받고 정체성을 가지게 된다.

한국의 여러 교회들은 그동안 간과해왔던 예전의 형성적인 힘을 고려해서 이 시대를 살아가는 사람들의 문화적인 차원을 고려하되, 예배의 본질적인 요소들을 소홀히 하지 않으면서 기독교 전통과 문화 사이의 균형을 유지할 필요가 있다.

4. 예배의 하나님 중심성을 회복하라

과거 한국 교회는 하나님의 은혜와 섭리 가운데 대단한 부흥과 성장을 경험했다. 지금 이런 이야기를 하면 70대 부모님 세대 신자들의 전설과 같은 무용담으로 들릴지 모르겠다. 하지만 매주 새신자들이 교회에 끊이지 않고 몰려오던 때가 있었다. 십자가만 세우면 교회가 세워졌던 그런 때가 있었다. 이런 상황 속에서 교회의 지도자들은 주일예배에 처음 참석하는 사람들의 수준과 필요를 무시할 수 없었고, 그들을 고려해 어렵고 복잡한 예배 대신 설교 중심의 예배, 회심에 초점을 맞춘 메시지와 순서로 주일 오전 예배를 구성했다.

사실 한국에 복음을 처음 전해주었던 초기 미국 선교사들에게 전수받은 예배 형식이 그러했다. '프론티어 예배'(Frontier worship, 변경의 예배) 형식으로 알려진 부흥회 스타일의 예배가 한국 교회에 이식되었고, 이것이 한국 교회의 예배 전통으로 자리 잡았다. 1960년대 이후에 전 세계로 퍼져간 경배와 찬양 운동(Praise and Worship)과 윌로우크릭교회, 새들백교회와 같은 미국 대형교회의 '구도자 예배'(Seeker's service, 열린예배) 형식이 한국 교회에 큰 영향을 미쳐왔다.

새신자들을 고려하며 예배를 기획하는 것 자체가 나쁜 것은 아니다. 교회는 최상의 환대 정신으로 하나님이 우리를 영접하셨듯이 새신자들을 환영해야 한다. 그들이 쉽게 이해할 수 있도록 예배의 언어와 내용에 신경을 써야 한다.

그러나 예배의 본질적인 요소들이 훼손되면 안 된다. 윌로우크릭교회와 같은 구도자 예배에는 전통적으로 기독교가 강조해온 죄의 고백, 사죄의 선언, 신앙고백 등과 같은 예배의 요소들이 없다. 교회에 처음 오는 이들이 느낄 수 있는 부담스러운 요소들을 제거하는 것은 결국 신자들의 신앙 형성에 좋지 않은 영향을 미친다. 예배를 통해 성도들은 훈련되고 성숙되어야 하는데, 전도 중심적 예배는 기존 신자들의 영적 체질을 약화시킬 가능성이 높다.

교회가 실용주의적 사상을 추구할 때 결국 예배의 초점은 하나님이 아니라 사람에게로 옮겨진다. '어떻게 하면 사람들에게 감동적이고 효과적인 예배가 될 것인가?'를 먼저 고민한다면 그 예배는 소비자 중심적인 행위로 변질될 것이다. 결국 제임스 스미스(James K. A. Smith)가 지적했듯이 "시장의 예전"(mall's liturgy)을 만들어낼 것이다.[9]

코로나19 사태로 인한 온라인 예배의 영향을 한번 생각해보자. 사람들은 집에서 일단 본인이 출석하는 교회의 온라인 예배를 시청한다. 그러나 온전히 그 화면만을 보는 것은 아닐 것이다. 동시간이든 다른 시간대이든 다른 교회의 온라인 예배들도 시청하며 본교회의 예배와 비교할 것이다. 이 비교 대상은 담임목회자의 설교일 수도 있고, 찬양대나 반주의 음악적 수준일 수도 있다. 아니면 다양한 콘텐츠와 전달 양식일 수도 있다.

이것은 마치 담임목회자와 교역자들은 한 주간 성도들에게 송출할 콘텐츠를 준비하는 생산자가 되고, 성도들은 좋은(혹은 영양가 있는) 콘텐츠를 소비하며 더 좋은 것을 찾고자 하는 소비자적 마인드를 훈련하는 것과 같다.

이렇게 훈련된 소비자적 마인드는 코로나 이후 성도들의 신앙생활에 큰 영향을 미칠 것이다. 본인과 가족들에게 더 좋은 콘텐츠를 제공하는 교회를 찾을 가능성이 있다. 꼭 교회를 옮기지 않더라도, 본인이 출석하는 교회의 예배에 만족하지 못하고 새로운 무언가를 만들도록 요구하거나 스스로 충족시키려 노력할 수도 있다.

이와 같이 예상되는 미래를 대비할 방법은 없는 것일까? 목회자와 성도, 교회는 무엇을 회복해야 할까?

필자는 예배의 하나님 중심성을 회복하는 것이 급선무라고 본다. '하나님 중심적인 예배!' 어떻게 보면 매우 당연한 말이지만, 현대 교회가 가장 간과하기 쉬운 부분이 아닐까 생각한다.

우리는 하나님을 예배하기 위해 지으심을 받았다(homo adorans). 웨스트민스터 소교리문답 제1문답처럼, "사람의 제일 되는 목적은 하나님을 영화롭게 하는 것과 그를 영원토록 즐거워하는 것이다." 하나님을 영화롭게 하는 것, 그분을 영원토록 즐거워하는 것은 결국 예배와 밀접한 관계가 있다. 즉 사람은 자신의 종교심을 충족시키기 위해 예배활동을 하는 것이 아니라, 우리의 존재 자체가 바로 하나님 중심의 예배를 드리도록 창조되었음을 기억하는 것이 필요하다.[10]

이러한 하나님 중심적 태도가 예배를 기획하는 목회자와 성도들의 기본자세가 되어야 할 것이며, 담임목회자는 교회 예배의 요소와 순서들을 하나님 중심적 관점에서 다시 한 번 점검해야 할 것이다. 물론 예배는 하나님이 우리에게 나아오시고, 우리가 하나님께 나아가 만남과 교제가 일어나는 쌍방향적 특성을 지닌다. 그리고 사람들을 위한 고려를 무시할 수 없다. 그러나 하나님 중심적 예배가 우리의 예배에 생명력과 활기를 더해줄 것이다.

5. 예배와 사회윤리를 연결하라

코로나19 사태 초기에 어떤 일이 있었는지를 한번 생각해보자. 첫 확진자가 발생한 지 며칠 후 대구에서 폭발적인 아웃브레이크(outbreak, 대규모 발생)가 일어났다. 신천지 회집을 통한 집단 감염이 원인이었다. 그동안 아무리 노력해도 캐낼 수 없었던 신천지 조직과 집회 장소가 한순간에 뉴스를 통해 알려졌고, 국민들은 조직의 거대함과 그들의 비정상적인 종교적 열정에 아연실색했다.

그동안 신천지 때문에 큰 피해를 입었던 기독교계는 코로나19라는 무서운 질병을 통해 신천지의 정체가 국민 앞에 드러났고, 특별히 이 단체가 정상적인 기독교가 아닌 이단이라는 것이 국민들에게 알려져 내심 기뻐했다. 그리고 그들을 향한 국민적인 분노를 보면서 통쾌함을 느낀 사람들도 아마 있었을 것이다.

그런데 신천지를 향했던 분노와 비난의 화살이 얼마 후 교회의 주일예배 회집에도 동일하게 적용되었다. 밀폐된 공간에서 수백 명, 수천 명이 모여 드리는 예배 또한 집단 감염의 온상이 될 수 있다는 논리였다.

사회는 기독교계의 토론과 대응 방안을 주목했다. 단순히 주목할 뿐 아니라 혹독한 평가를 내렸다. 정부 시책에 발맞추어 회집을 바로 취소한 불교 및 천주교와 차별화될 뿐 아니라 계속해서 전체 회집에 초점을 맞춘다면 신천지 이단의 종교적 광신과 다를 바가 무엇이 있겠느냐는 지적이었다. 이런 사회적 여론을 볼 때 앞으로 한국 교회는 한국 사회에서 처한 위치가 선교지에서보다 어렵지 않을까, 전도하기가 더욱 힘들지 않을까 예상해볼 수 있다.

물론 교회는 이런 사회의 태도가 억울하다. 주일예배가 교회에 주는 의미는 말로 설명할 수 없을 정도로 중요하다. 충분히 방역을 하고 거리를 두는데도 여론을 호도하는 듯 보이는 언론들이 야속하기만 하다.

그러나 우리는 역사적으로 세상이 교회를 대하는 태도가 결코 호의적이지만은 않았다는 것을 기억할 필요가 있다. 세상이 교회를 살펴보는 기준은 보다 더 엄격하다. 교회는 세상을 말로 설득할 수 없다. 지금 우리에게 공예배가 얼마나 중요한지를 아무리 설명한다 해도 이해할 수도 없고, 들으려고도 하지 않을 것이다. 우리는 다만 '교회 됨'을 통해 보여줄 수 있을 뿐이다. 그러므로 우리는 우리가 소중히 여기는 예배가 사회윤리와 어떻게 연결될 수 있을까를 생각해보아야 한다.

북미의 저명한 예전학자인 돈 샐리어스를 비롯한 현대의 주요 예전학자들은 예배의 법칙은 믿음의 법칙일 뿐 아니라, 나아가 행동의 법칙이 되어야 한다고 주장한다.[11] 우리의 예배 현장에서의 신앙고백이 우리의 삶 속에서 실천되어야 한다는 것이다. 그것이 진정한 예배의 정신이라는 것이다. 즉 교회의 예배가 개인의 문제 해결과 기도의 응답 차원에 머무르지 않고, 하나님께 받은 사랑을 생각하며 그 사랑을 이웃과 사회에 흘려보내야겠다고 다짐하는 차원으로까지 나아가야 한다. 하나님을 사랑하기 때문에 이와 같이 내 이웃도 사랑하는 것이다.

이를 위해서는 이웃의 영적, 육적 복지를 위해 마음을 쓰게 하는 의도적인 예전(혹은 예배 순서)이 있어야 한다. 이웃과 나라를 위한 중보기도, 가난한 자들을 위한 연보, 하나님의 구원 역사를 기억하며 종말론적 왕국을 기대하게 하는 성찬은 성도들의 마음속에 하나님 사랑이 사회 참여로 구현되어야 함을 새길 것이다.

다시 전 세계가 평온을 되찾고 일상으로 복귀했을 때 과연 교회는 사회로부터 어떤 평가를 받을 것인가? 한국 교회의 초기 역사에서 볼 수 있었던 사회적 영향력과 공적 신뢰를 어떻게 회복할 수 있을 것인가? 돈 샐리어스는 우리에게 지혜로운 조언을 들려준다.

> "예배가 인간 존재의 현실과 분리될 때 우리는 그 예배의 본질과 의미에 대해 질문을 던져야만 한다. …예배는 이 세상 가운데서 이루어지는 것이지만, 동시에 기독교적 삶에 대한 가르침 및 실천과 연결된다."[12]

예배는 교회의 심장이며 신앙의 원천이다. 어떤 환난과 핍박 속에서도 우리는 목숨을 걸고 예배를 지켜야 한다. 그러나 인간 존재의 현실 속에서 우리는 이 소중한 예배를, 하나님을 사랑하기 때문에 이웃을 사랑하는 마음으로 우리의 자유를 제한할 수도 있어야 한다.

위기 속에서 한국 교회의 재도약을 기대하며

코로나19 바이러스로 인해 전 세계 사람들이 수개월간 힘든 시간을 보내고 있다. 글을 쓰고 있는 이 시점에도 특별한 치료약이 개발되지 않아 삶과 죽음의 경계선상에서 미래에 대한 두려움을 가지고 있다. 각국의 산업은 피폐해져가고 있으며, 정부는 대규모 경기 부양책을 내어놓고 있지만 당분간은 대량 실직과 경기 침체, 삶의 기반이 흔들리는 일들을 경험하게 될 것이다. 각국의 무역이 위축되는 상황 속에서 식량 위기를 예측하는 전문가들도 있다. 이런 상황을 두고 눈에 보이는 물리적 전투는 아닐지라도 세계가 경험했던 대공황이나 세계대전 못지않은 심리적 스트레스와 충격을 가지고 올 것이라고 예측하는 사람들도 있다.

교회는 세상의 빛과 소금의 역할을 감당해야 할 사명을 가진다. 작은 촛불이 어두움을 물리치듯, 세상이 어두워져갈수록 교회는 그 빛으로 세상을 밝히는 데 진력해야 한다. 지금까지 사회 속에서 교회의 위상과 공적 신뢰도(public trust)가 많이 떨어져왔다. 많은 목회자와 성도는 지금 전도하기가 쉽지 않은 상황이며, 한국 교회의 미래를 암울하게 전망하기도 한다.

한국 교회가 다시 일어나기 위해서 가장 선행되어야 할 것이 바로 예배의 회복이다. 성경은 하나님의 백성이 실패의 자리를 털고 일어나 언약을 갱신할 때마다 하나님께 예배했음을 이야기한다. 즉 예배는 하나님과의 언약을 갱신하는 행위다. 이 예배가 쓰러진 영혼을 소생시키고, 새 힘을 공급하며, 그리스도인의 정체성을 새롭게 한다.

코로나19 사태로 인해 교회에서 예배를 드리지 못하고 온라인으로, 혹은 가정에서 예배를 드리면서 우리는 함께 모여서 예배드렸던 과거의 일상이 얼마나 복되고 소중한지를 깨닫게 되었다. 그러나 동시에 예배 환경의 변화로 인해 또 다른 패턴이 우리를 나태하게 만들며, 결국 교회의 회집과 응집력을 약화시키지 않을까 염려하고 있다.

우리가 예배를 드리면 예배가 우리를 지킨다. 우리가 예배를 드리면 예배의 정신이 성도들의 몸과 마음에 새겨져 성도들을 훈련시킨다. 예배는 믿음을 부여하는 행위일 뿐 아니라 믿음을 성숙하게 하는 이중적 은혜(double grace)를 담지한다. 예배의 참여는 성도들에게 변화의 기회를 제공하고, 성도들을 새사람으로 만든다. 예배가 계속해서 반복되는 것은 신자들에게 축복이다. 반복을 통해 신앙이 형성되고 강화되며, 이해의 지평이 넓어지는 은혜를 누릴 수 있기 때문이다.

세상과 교회를 둘러싼 환경이 급변하고 있다. 우리는 이 변화를 무시할 수 없다. 문화적 변화와 사람들의 생각 변화를 읽을 수 있어야 한다. 예배를 새롭게 하는 일, 새로운 문화의 이기의 발전 속에서 나오는 신학적 질문들과 끊임없이 대화해야 한다. 그러나 예배의 본질이 훼손되어서는 곤란하다. 과연 성경은 무엇이라고 말하는지를 늘 명심하며, 예배의 하나님 중심성의 바탕에서 다양한 예배의 이슈들을 점검해야 할 것이다.

이것은 전통주의로 복귀하자는 말이 아니다. 야로슬라프 펠리칸(Jaroslav Pelikan)이 말하듯, "전통주의는 살아 있는 자들의 죽은 신앙이요, 전통은 죽은 자들의 살아 있는 신앙"이다.[13]

문화랑 교수

쉽고 재미있는 강의, 탁월한 전달력과 청중과의 호흡으로 그동안 수강생들의 많은 사랑을 받아왔다. 학생들과 함께 커피를 마시고 식사하는 것을 즐기며, 학기 중에는 농구와 탁구 등을 통해 학생들과 교제하고 있다. 미국 칼빈신학교에서 존 위트블리트(John Witvliet)의 지도 아래 예배학 석사를, 시카고에 위치한 개릿신학교에서 어니스트 바이런 앤더슨(E. Byron Anderson), 프랑크 센, 잭 시모어(Jack Seymour) 등의 지도와 도움을 받으며 예전학 박사학위(Ph.D in Liturgical Studies)를 취득했다.
해외의 유수한 Peer review 저널인 「Doxology」, 「Christian Education Journal」, 「Australian Journal of Liturgy」, 「Worship」 등에 논문을 등재했다. 저서로는 *Engraved upon the Heart*(Wipf and Stock Publisher, 2015), 『예배학 지도 그리기』(이레서원)가 있으며, 여러 권의 책을 공저했다. 현재 고려신학대학원에서 예배학과 교회교육학을 강의하고 있으며 예배학과 교육학의 통섭을 추구하며 한국 교회의 예배 회복과 교회교육의 활성화를 꿈꾸며 오늘도 연구에 몰두하고 있다. 북미예전학회(NAAL)의 정회원으로 활동하면서 세계 여러 예배학자들과 교류하며 국내 예배학의 세계화를 꿈꾸고 있다.

● 함께 나누는 이야기

1. 코로나19 사태로 교회에 나가지 못하고 온라인으로 예배를 드리셨습니까? 예배의 쌍방향성 측면에서 온라인 예배에 대한 자신의 생각을 나누어봅시다.

   _____
   _____

2. 공적 예배가 소중하다는 것을 저자는 어떻게 말하고 있습니까? 공적 예배의 중요성에 대해 이야기해봅시다.

   _____
   _____

3. 현대는 소비자 중심주의로 흘러갑니다. 그것은 예배를 드리는 우리의 태도에도 알게 모르게 영향을 끼칩니다. 우리의 예배 안에 문화에 물든 요소들이 있다면 어떤 것입니까? 하나님 중심적인 예배를 드리기 위한 제안을 논의해봅시다.

   _____
   _____

The Restoring Church

4. 저자는 "우리가 예배를 드리면 예배가 우리를 지킨다"고 말합니다. 이 말의 의미와 자신의 경험들을 나누어봅시다.

5. 예배는 단순히 예배로 끝나지 않고 우리의 삶으로 연결됩니다. 어려운 시대에 그리스도인들은 어떤 삶의 자세로 살아야 하겠습니까?

2.
말씀의 회복

작은 하나님을 다시 큰 하나님으로

포스트 코로나 – 고난의 시대에 어떻게 말씀을 전해야 하는가?

_이정규

> "때로 우리 아버지의 미소가 어둠과 구름에 의해 가려지는 계절이 있습니다. 그러나 하나님께서는 우리를 결코 저버리지 않으심을 기억하십시오. 우리는 단지 버림받은 것 같은 느낌을 받을 뿐이지만, 그리스도의 경우에는 정말로 버림을 받으신 것이었습니다. 누가 감히 그 거대한 고통을 짐작이나 할 수 있겠습니까? '나의 하나님 나의 하나님 어찌하여 나를 버리셨나이까?'"
>
> – 찰스 스펄전(Charles Spurgeon)[1]

영국 런던에서 목회했던 J. B. 필립스(J. B. Phillips)는 그의 가장 유명한 저서의 제목을 『당신의 하나님은 너무 작다』[2]라고 지었습니다. 이 제목이 주는 직관적 강렬함과 솔직함 때문에 이 말은 책을 읽은 사람들이나 읽지 않은 사람들 모두가 자주 인용하는 말이 되었습니다. 이 책은 사람들이 생각하는 잘못된 하나님상(像)을 교정하고, 성경이 말하는 진정한 하나님상으로 바꾸려는 의도로 쓰였습니다. 이 작업은 아주 중요합니다. 하나님에 대한 오해는 결국 하나님을 떠나게 하는 비극적 결과를 만들기도 하기 때문입니다.

예를 들면, 고통의 문제를 생각해봅시다. 많은 그리스도인은, 특히 필자와 같은 목회자들은 하나님이 허락하신 고통이 결국 신자들의 신앙을 더욱 단단하게 해줄 것이라고 말하기를 좋아합니다. 하지만 늘 그렇지는 않습니다. 많은 사람이 고통에 직면하거나 고통을 묵상할 때 신앙을 잃어버리기도 합니다. 한때 신약학자였고 목회자이기도 했던 바트 어만(Bart D. Ehrman) 역시 고통의 문제를 고민하다가 결국 회의론자가 되어버렸습니다. 일종의 역회심(逆回心)인 셈입니다.

"궁극적으로 나는 기독교를 완전히 떠나고 말았다. 그것은 결코 쉬운 결정이 아니었다. 나는 필사적으로 몸부림치고 절규하며 내가 어린 시절부터 줄곧 지켜온 신앙을 지키고자 노력했다. 하지만 결국 나는 더 이상 믿음을 가질 수 없다는 결론에 이르렀다. 이것은 긴 이야기지만 짧게 말하자면 이렇다. 나는 더 이상 우리 삶에서 당면하는 고통의 문제들을 신앙의 관점으로 이해할 수 없게 되었다. 선하고 전능한 하느님이 세상을 다스린다는 것을 도저히 믿을 수 없게 된 것이다. 이 지구라는 행성에 살고 있는 수많은 사람들에게 인생은 오직 비참함과 고통의 연속이다. 나는 선하고 사랑 많은 절대자가 세상을 돌본다는 것을 결국 받아들일 수 없게 되었다. 나에게 고통의 문제는 곧 신앙의 문제였다."[3]

물론 그의 고민에 대한 대답은 없는 것이 아니며, 그의 주장 가운데 많은 것은 오히려 하나님의 실존을 강하게 입증합니다.[4] 어쨌든 하나님에 대한 오해가 고통을 견디기 어렵게 만든다는 것은 분명합니다. 코로나19로 인해 많은 사람이 고통을 겪은 이 시기에는 하나님에 대한 잘못된 이해가 미칠 영향이 더욱 클 것입니다. 그래서 우리는 하나님의 말씀에 비추어 그분이 어떤 분이신지를 다시 깊이 생각해야 합니다. 하나님의 말씀을 통해 그분의 참모습을 재발견하는 것은 고통 가운데 오히려 더 깊은 신앙을 갖게 하고, 이웃을 즐거이 섬기게 만드는 백신과도 같습니다. 따라서 필자는 우리가 회복해야 할 성경의 참하나님에 관한 교리들을 간단히 진술하고, 그것을 굳게 신뢰하는 것이 우리를 어떻게 강건하게 할 수 있는지에 대해 말해보려 합니다.

하나님은 때로 고통을 주신다

적잖은 그리스도인들이 하나님을 기계적으로 생각합니다. 마치 우리가 선을 행하면 자동적으로 복을 주시고, 악을 행하면 자동적으로 저주를 주시는 것처럼 말입니다. 좀 심하게 말해서, 이는 하나님을 일종의 자판기처럼 여기는 것입니다. 그러나 성경은 그렇게 말하지 않습니다. 하나님은 그분의 뜻 안에서 때로 신자들이 고통을 겪도록 하십니다. 욥은 고통을 당했으나, 이는 그가 악행을 저질렀기 때문이 아니었습니다. 하나님은 오히려 욥이 "온전하고 정직하여 하나님을 경외하며 악에서 떠난 자"(욥 1:8)라고 말씀하셨습니다.

시편 73편을 쓴 시인은 악인들이 형통할 뿐 아니라(시 73:3), 심지어 죽을 때도 고통이 없고 강건하게 죽었다며 하나님께 항변했습니다(시 73:4). 반면 스스로 마음이 청결하다고 생각했던 자기 자신은 "종일 재난을 당하며 아침마다 징벌을 받았"다고 호소했습니다(시 73:14). 이러한 예는 성경 전체에 넘쳐납니다.

사도 바울을 생각해보십시오. 그의 삶은 고난으로 점철되어 있었습니다. 그리고 이는 그가 믿음이 없었기 때문이 아니라 도리어 믿음으로 충만했기 때문이었습니다. 필자는 예전에 고린도후서 11장 25절을 살피다가 여러 가지 묵상을 하게 되었습니다. 바울은 자신이 받은 고난을 길게 설명하다가 이런 말을 했습니다.

"세 번 태장으로 맞고 한 번 돌로 맞고 세 번 파선하고."

파선이라니요! 바울은 당대의 전 세계를 돌며 복음을 전했습니다. 그가 배를 탄 이유는 여행과 유흥을 즐기기 위해서가 아니라 목숨 걸고 복음을 전하기 위해서였습니다. 그렇다면 하나님이 박해받는 것을 막아주시지는 않을지언정, 폭풍이 일어서 파선하지는 않게 해주셔야 하는 것 아닙니까? 게다가 바울이 경험한 파선은 세 번이 다가 아니었습니다. 사도행전 27장은 바울이 배를 타고 가다가 또 폭풍을 만나 파선당한 경험을 그리고 있는데, 이때는 고린도후서를 쓴 이후가 확실합니다. 즉 바울은 최소 네 번 파선의 경험이 있었던 것입니다.

바울이 선교를 하러 가는데, 하나님이 순풍을 보내주셔서 일주일 걸릴 거리를 3일 만에 가게 해주셔도 시원찮을 판에, 폭풍이 뭡니까? 필자가 바울이라면 이렇게 따졌을 것 같습니다. 하지만 바울은 불평

하지 않았습니다. 도리어 자신의 약한 것을 자랑하겠다고 말했습니다(고후 11:30). 왜 그랬을까요? 바울은 좋은 신앙이 이 땅에서의 형통과 직결된다고 믿지 않았기 때문입니다. 그는 하나님을 원망하지 않았습니다. 도리어 고통은 피할 수 없는 것이라고 주장했습니다. 다음은 바울이 생애 말년에 쓴 디모데후서에서의 고백입니다.

"그러므로 너는 내가 우리 주를 증언함과 또는 주를 위하여 갇힌 자 된 나를 부끄러워하지 말고 오직 하나님의 능력을 따라 복음과 함께 고난을 받으라"(딤후 1:8).

"너는 그리스도 예수의 좋은 병사로 나와 함께 고난을 받으라"(딤후 2:3).

"무릇 그리스도 예수 안에서 경건하게 살고자 하는 자는 박해를 받으리라"(딤후 3:12).

만일 우리의 신앙이 "순종하면 자동으로 복과 형통이 주어지고, 불순종하면 자동으로 저주와 고통이 따라온다"라는 방식의 신앙이었다면, 지금이 새롭게 신앙을 바라볼 수 있는 기회입니다.

코로나19 사태 때문에 우리가 겪은 고통이, 우리의 신앙에 문제가 있다는 것을 말해주는 것은 아닙니다. 돌려서 말해보자면, 우리가 형통할 때라도 우리의 신앙이 좋기 때문이 아닙니다. 사실 우리는 늘

순종하지 않습니다. 오히려 우리는 늘 불순종합니다. 심지어 우리의 순종에도 늘 죄가 끼어 있습니다. 우리는 자주 우리 자신을 높이기 위해 순종하는 체하거나, 받을 형벌이 두려워서 절반만 순종합니다. 이러한 우리가 무슨 좋은 것을 받을 권리가 있단 말입니까?

혹자는 이러한 반론을 제기할지 모르겠습니다. "신명기 28장을 보면 하나님 말씀에 순종한 사람들은 여러 복을 받는다고 말하고, 하나님 말씀에 불순종한 사람들은 저주를 받는다고 말하지 않나요? 이것은 하나님의 말씀이잖아요. 우리의 신앙은 인과응보의 신앙이 아닌가요? 그러니 이러한 전염병은 다 불순종한 자들(예컨대 종교를 탄압한 중국, 타락한 대한민국, 기타 등등 악한 자들)을 향한 하나님의 저주가 아닌가요?"

그렇게 보일 수도 있겠습니다. 하지만 하나만 더 깊이 생각해봅시다. 성경을 전체적으로 보십시오. 성경 전체를 보면, 하나님의 말씀을 철저하게 지켰는데도 말씀에 약속된 복은 하나도 받지 못하고, 하나님의 말씀을 하나도 어기지 않았는데도 오직 진노와 저주만 받은 사람이 한 사람 있습니다. 누구입니까? 바로 예수님이십니다. 그분은 모든 하나님의 말씀을 철저하게 지키셨는데도(요 15:10) 들어와도 복을 받고 나가도 복을 받는(신 28:6) 삶과는 거리가 먼 삶을 사셨습니다. 그분은 지극한 가난을 겪으셨고, 최악의 반대를 겪으셨으며, 고통스러운 오해를 당하셨습니다. 또한 그분은 죄를 알지도 못하신 분(고후 5:21)이었는데도 온갖 저주와 진노를 당하셨습니다. 결국 성부 하나님으로부터도 버림을 받으시고 진노를 당하셨습니다.

"나의 하나님, 나의 하나님, 어찌하여 나를 버리셨나이까"(마 27:46).

왜 그렇게 하셨습니까? 답은 간단합니다. 율법을 하나도 지키지 않은 우리가 약속된 순종의 복을 받도록 하시기 위해, 율법을 모조리 어긴 우리가 받아야 하는 저주를 그분이 가져가신 것입니다.

따라서 우리는 우리가 겪는 고통을 불순종 때문에 겪는 진노라고 여기지 말아야 합니다. 우리는 어차피 늘 불순종합니다. 도리어 하나님의 계획과 뜻 가운데, 고통에는 어떤 목적과 이유가 있음을 겸손히 인정해야 합니다. 사도 베드로의 말을 들어봅시다.

"사랑하는 자들아 너희를 연단하려고 오는 불 시험을 이상한 일 당하는 것같이 이상히 여기지 말고 오히려 너희가 그리스도의 고난에 참여하는 것으로 즐거워하라 이는 그의 영광을 나타내실 때에 너희로 즐거워하고 기뻐하게 하려 함이라"(벧전 4:12-13).

하지만 하나님은 지혜로우시다

그러면 다음 질문이 생길 수 있습니다. "예수님이 우리가 받아야 하는 저주를 다 받으셨으면, 신자들에게는 고통이 없어야 하지 않습니까?" 물론 이 질문은 거대한 질문이며, 이 질문에 잘 대답하려면 책 한 권 분량도 모자랄 것입니다. 하지만 필자는 아주 간단한 답을 드리려고 합니다. 하나님은 그분의 광대한 지혜 가운데서, 분명한 목적을 가지고 우리에게 고통을 허용하십니다. 하나님은 고통을 사용하십니다. 그분의 거대한 지혜는 우리 눈으로 볼 때는 나쁜 일이지만 전체적으로는 모두에게 궁극적 선이 되는 방식으로 일이 돌아가게 만듭니다.

필자는 예전에 존 파이퍼(John Piper) 목사님의 『열방을 향해 가라』라는 책을 읽으며 전율을 느꼈던 적이 있습니다. 그분은 하나님이 20세기에 우즈베키스탄을 어떻게 변화시키셨는지에 대한 놀라운 일화를 소개했습니다. 하나님은 독재자이자 무신론자인 조셉 스탈린(Joseph Stalin)을 사용하셔서 놀라운 선교의 확장을 이루셨습니다.

"1930년대에 일본군이 침략했을 당시 수천 명의 한국인이 지금의 북한에서 도망쳐 나왔다. 이들 중 많은 이들은 블라디보스톡 주변에 정착했다. 30년대 후반과 40년대 초반, 스탈린이 블라디보스톡을 무기 제조 중심지로 개발하기 시작했을 때 그는 한국인들이 보안상 위험한 존재들이라고 판단했다. 그래서 그는 소련 전역 다섯 개 지역에 한국인을 강제 이주시켰다. 그 지역 중 하나가 타슈켄트였는데 그곳은 우즈벡족이라는 열성 무슬림 교도들의 지역이었다. 2천만이나 되는 우즈벡족들은 수백 년 동안 기독교를 들여오려던 서구의 노력에 거세게 저항했었다. 한국인들이 타슈켄트 주변에 정착하면서 우즈벡 사람들은 그들의 근면함과 온화함을 환영했다. 수십 년 안에 한국인들은 우즈벡 문화생활의 거의 모든 분야에 참여했다.

세상사를 주관하시며 으레 그러하시듯, 하나님께서는 강제 이주당한 한국 사람들 사이에 이미 신실한 신자 무리들을 심어놓으셨다. 스탈린은 이 한국인들이 동포들 사이에서 들불과 같은 부흥을 누리기 시작할 뿐 아니라 우즈벡과 카자흐족 무슬림 친구들을 그리스도에게로 인도하기 시작할 것이라는 것은 전혀 몰랐다.

한국인 부흥과 그로 인해 우즈베키스탄과 카자흐스탄에게 미친 결정적 영향이 처음 공개적으로 그 징조를 드러낸 것은, 1990년 6월 2일 소련 중앙아시아 역사상 최초의 야외 기독교 집회에서 미국 출신의 젊은 한국인 청년이 카자흐스탄의 수도 알마타 거리에서 군중에게 설교했을 때였다."[5]

생각해보십시오. 잘 살고 있던 집과 땅을 강제로 빼앗기고, 엄청나게 먼 타지로 강제로 이주당한 사람들이 얼마나 큰 고통을 겪었겠습니까? 수많은 선교사가 전략적으로 들어가려고 세웠던 계획은 모조리 실패했습니다. 하지만 하나님은 고난을 사용하셔서 우즈베키스탄 지역의 무슬림을 회심시키셨습니다. 필자는 확신합니다. 코로나19 사태 이면에, 하나님이 그분의 지혜로 계획하신 거대한 목적이 있다는 것을 말입니다. 하나님은 이 일을 통해 수많은 사람에게 구원과 능력을 베푸실 것입니다.

성경은 이러한 이야기들로 가득합니다. 요셉은 수도 없는 고난을 당했지만, 마지막에 자신의 인생을 망치려 했던 형들을 향해 결국 "당신들은 나를 해하려 하였으나 하나님은 그것을 선으로 바꾸사 오늘과 같이 많은 백성의 생명을 구원하게 하시려 하셨나니"(창 50:20)라고 하면서 그들을 용서해주었습니다.

　주후 1세기 예루살렘교회에 불어닥친 거대한 기근은 수많은 사람을 고통 가운데로 몰아넣었지만, 극심한 가난 가운데서도 넘치는 기쁨으로 그들을 위해 헌금한 마게도냐 사람들의 변화를 낳았습니다 (고후 8:2). 바울은 그가 탄 배가 폭풍우로 파선해서 고통을 당했지만, 그 파선으로 인해 바울의 원래 계획에는 없었던 멜리데섬 방문이 이루어졌고, 하나님은 이 일을 통해 보블리오의 아버지를 고치시고 믿음을 전해주셨습니다. 우리가 겪은 일에 목적이 분명히 있고, 그 목적 이면에는 선한 동기가 있다는 것을 알면 우리는 안심할 수 있습니다.

　예를 들어보겠습니다. 길거리를 지나가다 우연히 튀어나온 날카로운 칼날에 내 배가 찔렸다고 합시다. 여기서 벌어진 일에는 어떤 목적도, 의미도 없기 때문에 우리는 바로 '아, 오늘 운이 없구나! 너무 아프다'라고 생각할 것입니다. 또는 내가 칼날에 배가 찔렸는데 나를 죽이려고 하는 살인자가 그랬다고 합시다. 여기에는 목적과 의미가 있습니다. 나를 죽이려는 목적입니다. 그런데 선한 동기가 없습니다. 따라서 우리는 고통스럽기만 할 것입니다.

　하지만 내 배가 날카로운 메스에 찔렸는데, 그 메스를 쥔 사람이 나를 사랑하는 의사라고 합시다. 그렇다면 우리는 고통을 기꺼이 감내할 것입니다. 코로나19는 메스이며, 메스를 쥐신 분은 선하신 하나님입니다. 그렇다면 우리가 무엇을 두려워합니까? 우리가 지금 겪는 고통은 더 나은 삶을 위한 하나님의 메스일 뿐인데 말입니다.

혹자는 이렇게 반문할지 모르겠습니다. "그렇다면 그 목적이 무엇입니까? 코로나19로 인해 우리 사업체가 망했습니다. 제 가족이 목숨을 잃었습니다. 교회에 재정적으로 거대한 위기가 닥쳤고, 많은 성도가 떠났습니다. 여기에도 하나님의 계획이 있단 말입니까? 그 계획이 도대체 무엇입니까?" 필자는 그 답을 모릅니다. 때로 하나님은 이유를 가르쳐주시지 않습니다. 욥을 생각해보십시오. 욥기를 읽는 우리는 욥이 왜 고난받는지를 압니다. 하지만 하나님은 끝까지 욥에게 그가 왜 고난을 받는지 말씀해주시지 않았습니다.

우리는 코로나19 때문에 우리 각자가 겪는 고통의 의미를 끝까지 알 수 없을지도 모릅니다. 하지만 우리는 무엇이 답이 아닌지는 알 수 있습니다. "하나님이 우리를 사랑하시지 않아서", 또는 "하나님이 우리를 괴롭히시기 위해", 이러한 답은 답이 될 수 없습니다. 십자가를 쳐다보십시오. 하나님이신 분이 온몸에 상처를 입고 발가벗겨지셨으며 피를 뚝뚝 흘리고 계십니다. 사람들의 조롱과 멸시를 온몸으로 감내하고 계십니다.

만일 하나님이 우리를 사랑하지 않아서, 또는 우리를 괴롭히려고 고통을 주시는 것이 사실이라면 왜 그분 자신이 고통 안으로 들어가셨습니까? 이 세상 어떤 종교의 신들도 고통을 당한 적이 없습니다. 오직 성경의 하나님만이 고통 안으로 들어가셨습니다. 따라서 다른 어떤 종교의 신들은 고통받는 자들을 이해할 수 없지만, 하나님만은 고통당한 자들을 이해하실 수 있습니다. 몸소 겪으셨기 때문입니다.[6]

"하나님께로 더 가까이 갑니다 / 고통 가운데 계신 주님 / 변함없는 주님의 크신 사랑 / 영원히 주님만을 섬기리." - "하나님께로 더 가까이", 하스데반

결국 하나님은 선하시다

고통을 겪는 상황에서는 죄를 짓기 쉽습니다. 자기연민이 발동하기 때문입니다. 자기연민은 우리에게 죄를 합리화하는 구실을 제공합니다. 심리적으로 이런 생각이 발동합니다. '나는 고통을 겪었어. 나는 불쌍해. 따라서 나는 이런저런 죄들을 지어도 당연해. 불쌍하잖아.' 이러한 레퍼토리는 끝도 없이 계속됩니다. '아내는 나를 사랑해주지 않았어. 따라서 내가 다른 여성을 만나서 사랑을 하는 것은 잘못이 아니야.' '나는 왕따를 당했어. 그러니 내가 다른 사람들을 미워하고 배제하는 것은 정당해.' 끝도 없이 계속되는 불타오르는 죄성 가운데 연료를 공급하는 것은 자기연민입니다.

아담과 하와의 첫 죄도 자기연민으로 출발했다는 사실을 아십니까? 하나님은 선하십니다. 하나님은 아담을 만드신 후에 아름다운 동산과 그 안의 모든 것을 아담과 하와에게 선물로 주셨습니다. 어느 하나 선물 아닌 것이 없었습니다. 그들은 동산을 만들지도 않았고, 씨를 심지도 않았으며, 경작하고 자라게 하지도 않았습니다. 이 모든 일을 하나님이 하셨습니다. 그리고 그들에게 선물로 주셨습니다. 그리고 말씀하셨습니다.

"여호와 하나님이 그 사람에게 명하여 이르시되 동산 각종 나무의 열매는 네가 임의로 먹되"(창 2:16).

하나님이 금지하신 것은 하나뿐이었습니다.[7] 선악을 알게 하는 나무의 열매. 이 나무는 딱히 다른 종류가 아니었습니다.[8] 아마 무화과나무나 다른 나무의 일종이었을 것입니다. 즉 대체제가 얼마든지 있었다는 의미입니다.

하나님이 이 나무의 열매를 금지하신 이유는 욕망을 억누르게 하시기 위해서가 아니었습니다. 오히려 하나님 아래에서의 삶을 누리도록 하시기 위해서였습니다. 아담과 하와가 동산 중앙에 있는 선악과를 보면서 '아! 맞다. 이 동산의 주인은 내가 아니고 하나님이시며, 나는 그분의 보호와 돌봄 아래에서 순종하며 살아야지!' 하는 생각을 하도록 말입니다. 이는 우리가 매주 드리는 예배의 기능과 같습니다. 우리도 주일예배 때 '아! 맞다. 내 삶의 주인은 내가 아니지. 한 주 동안 내가 내 삶의 주인인 것처럼 살았지만 회개하고 하나님의 보호와 돌봄 아래에서 순종하며 살아야지' 하는 마음을 가지지 않습니까?

즉 하나님은 "원하는 대로, 마음껏, 아무거나 먹으려무나. 네게는 모든 것이 허용되어 있단다! 단 하나만 먹지 마라. 물론 같은 맛을 내는 과일은 얼마든지 있단다. 이것을 금지한 이유는 너를 미워해서가 아니란다. 오히려 네가 나를 진정으로 예배하는 자유를 누리게 하기 위해서란다" 하고 말씀하신 것입니다.

그런데 뱀이 와서 "하나님이 참으로 너희에게 동산 모든 나무의 열매를 먹지 말라 하시더냐"(창 3:1)라고 말했습니다. 무슨 의미입니까? 뱀은 이렇게 말한 것입니다. "저 하나님이란 작자 말이야. 너희들을 괴롭힌다며? 동산에 맛있는 열매가 이렇게 많이 있는데, 하나도 먹지 말라고 했다며? 그 작자 참 성질 사납네. 쯧쯧… 너희들 참 불쌍하다." 뱀은 여기서 자기연민을 발동시켰습니다. 하나님이 인색하시며 괴롭히기 좋아하시는 분이라는 인상을 심음으로써 하와의 자기연민을 발생시킨 것입니다. 그래서 하와는 이렇게 말했습니다.

"동산 나무의 열매를 우리가 먹을 수 있으나 동산 중앙에 있는 나무의 열매는 하나님의 말씀에 너희는 먹지도 말고 만지지도 말라 너희가 죽을까 하노라 하셨느니라"(창 3:2-3).

여기서 하와는 두 가지 치명적인 거짓말을 했습니다. 하나는 "맘껏 먹으렴. 아무거나 먹어도 좋다!"라고 말씀하신 하나님의 의도를 왜곡해 "동산 나무의 열매를 우리가 먹을 수 있으나"라고 말한 것입니다. 하와는 하나님을 인색해서 마지못해 주시는 분으로 격하시켰습니다. 또한 "만지지도 말라"라는 명령은 없었는데 추가시킴으로써 하나님을 괴롭히기 좋아하시는 분으로 만들었습니다. 선악과는 만져도 상관없었습니다. 금지된 것은 먹는 것뿐이었습니다. 선악과를 따서 야구를 하든, 갈아서 피부에 바르든 아무 상관이 없었다는 의미입니다.

하와는 생각했습니다(아담도 옆에 있었기 때문에 같은 생각이었을 것입니다). '나를 괴롭히기 좋아하는 저 신 아래 있는 나는 얼마나 불쌍한가.' 자기연민은 결국 불순종으로 이어졌습니다. 즉 하와 안에 있는 자기연민이 하나님의 말씀을 불순종하는 것에 대한 면죄부를 제공했습니다!

많은 신자가 코로나19 사태와 같은 고통을 맞이할 때 같은 심리적 기저를 가집니다. '왜 하나님이 이런 고통을 나에게 주시지? 내가 주일성수도 잘하고, 헌금도 제때 냈고, 봉사와 헌신도 했는데 왜 이러한 고통을 주시는 것이지? 하나님 말씀대로 살아봤자 소용없어. 그는 나를 착취하는 신일 뿐이야!' 뱀의 작전은 지금도 유효합니다. 하나님의 선하심을 의심하게 만들기 작전! 정말 많은 사람이 고통 가운데 하나님의 선하심을 의심하고, 그 결과로 자기연민에 빠지며, 결국 불순종을 정당화하는 데 이릅니다.

치료제는 성경에서 말하는 그리스도입니다. 이 그리스도를 보십시오. 그분은 얼마든지 자기를 연민하실 수 있었습니다. 율법에서 말한 바 "순종하면 복을 받고, 불순종하면 저주를 받는다"는 말씀을 그분 역시 모르실 리 없었습니다. 우리 모두는 불완전한 순종을 할 뿐이지만, 그분은 진정하고 완벽한 순종을 하십니다. 그럼에도 복을 받지 못하셨습니다. 우리 모두는 자주 불순종하지만, 그분은 한 번도 불순종하신 적이 없습니다. 그런데 어떻게 되셨습니까? 결국 십자가의 저주 아래 놓이셨습니다. 성부 하나님의 버림을 받으셨습니다.

그리스도야말로 자기연민의 지옥에 빠지실 법하지 않습니까? 하지만 그분은 성부 하나님을 신뢰하셨습니다. 자기를 버리신 하나님을 향해서, 결국 "아버지 내 영혼을 아버지 손에 부탁하나이다"(눅 23:46)라고 신뢰를 표현하며 죽으셨습니다. 이 말은 이런 뜻입니다. "아버지여, 당신이 저를 버리신 것을 아나이다. 저는 이제 무덤에 갇히고, 3일 동안 하나님과의 분리라는 지옥에 있겠지요. 하지만 저를 다시 살리실 아버지를 믿습니다. 지금은 비록 당신의 버림을 받지만, 제 죽음과 부활을 사용하셔서 제게 신부를 주실 아버지를, 그 선하신 당신을 믿나이다. 나의 영혼을 자기연민에 던지지 않겠나이다. 나의 영혼을 오히려 당신의 손에 부탁하나이다!"

이렇게 하나님의 선하심을 굳게 믿으셨던 분이, 이렇게 담대하게 십자가의 죽음을 맞이하신 분이 우리를 불쌍히 여기십니다. 우리가 우리 자신을 불쌍히 여기고 연민하는 것보다 훨씬 더 우리를 불쌍히 여기십니다.

자기연민은 도움이 되지 않습니다. 오히려 우리가 우리 자신을 불쌍히 여기는 것보다 훨씬 더 우리를 불쌍히 여기시는 분께 자신을 맡기십시오. 담대히 그분의 선하심을 믿으십시오. 담대히 그분 앞에 나아가 말하십시오. "아버지여! 당신의 아들 그리스도를 보며 제가 바보 같았음을 깨닫습니다. 제가 하나님의 선하심을 의심했음을 깨닫습니다. 하나님의 지혜로우심과 선하심을 의지하겠습니다. 다시 하나님께 나아가겠습니다. 굳건히 순종하며 살아가겠습니다. 그것이 제게 행복임을 이제야 깨닫습니다."

말씀을 통해 더 큰 하나님을 보라

코로나19 사태가 끝나고 다시 교회로 모이는 시기, 고통이 나에게 무엇을 남겼는가를 잘 생각해봅시다. 만일 하나님을 원망하고 있었다면, 우리 마음에 계신 하나님은 너무 작은 분이셨을는지도 모릅니다. 하나님은 이것을 안타깝게 여기십니다. 그래서 "네가 나를 너와 같은 줄로 생각하였도다"(시 50:21)라고 말씀하십니다. 우리는 기껏 우리와 비슷하거나 좀 더 커다란 크기의 지혜와 선을 가지신 존재로 하나님을 생각합니다. 우리가 믿는 하나님은 성경이 말하는 하나님보다 너무 작습니다.

존 파이퍼는 성경을 '망원경'에 비유합니다.[9] 망원경의 기능이 무엇입니까? 아주아주 크지만(정말 너무 커서 지구보다도 더 크지만) 너무 멀리 있어 우리 눈에 점으로밖에 보이지 않는 거대한 별을 더 가깝게 보여주는 것입니다. 마찬가지입니다. 성경은 너무나도 멀리 계셔서 우리 눈에 작게 보이는 하나님을 훨씬 더 크게 보이게 해줍니다. 물론 성경마저도 하나님의 실제 크기를 다 보여주지는 않습니다. 하지만 우리가 성경을 읽을수록, 이해할수록, 더 깊이 알아갈수록 하나님이 훨씬 더 압도적으로 크신 분으로, 지혜롭고 아름다우신 분으로 보이기 시작할 것입니다.

반면에 TV나 세속문화에 빠지는 것은 일종의 '현미경'과 같습니다. TV는(그리고 유튜브는, 넷플릭스는, 기타 등등은) 실제로는 우리를 그다지 행복하게 해주지 못하는 작은 것들을 크게 보이게 합니다. TV 홈쇼핑을 볼 때 우리는 저 옷을 사지 않고서는 불행할 것이라는 생각이 듭니다. 막상 배달받아 입어보면 별것 없는데 말입니다.

우리가 성경을 멀리하고 세속을 더 가까이할수록, 우리의 하나님은 작아지실 것입니다. 이 말은 오직 교회와 관련된 활동만 하라는 의미가 아닙니다. 도리어 하나님의 말씀의 렌즈로 세상을 보고 이해하라는 뜻입니다. 우리의 하나님이 작으면 작을수록, 세상의 많은 것이 신이 되어 우리 자신을 지배할 것입니다.

고통은 자주 우리가 하나님을 어떻게 생각해왔는지를 되돌아보게 만듭니다. 만약 원망하고 있었다면, 자기연민에 빠져 있었다면 우리 하나님이 어떤 분이셨는지를 다시 되돌아보십시오. 하나님의 말씀을 펼쳐 드십시오. 크고 위대하신 하나님을 보십시오. 고난을 당하기 전에는 보이지 않던 하나님을, 그 위대하고 아름다우신 하나님을 찬란하게 만날 수 있을 것입니다.

"고난당하기 전에는 내가 그릇 행하였더니 이제는 주의 말씀을 지키나이다"(시 119:67).

이정규 목사

시광교회를 섬기고 있다. '시광'(視光)이란 '하나님의 영광을 바라본다'는 의미다. 교회의 이름이 곧 이정규 목사의 인생의 목적이며 사명이다. 그의 마음 깊은 곳에 있는 가장 큰 소원은 하나님의 영광을 향한 갈망이다. 그래서 하나님을 더욱 알아가고 싶어서 말씀을 읽고 연구하는 일에 힘쓰고 있다. '주석덕후'라는 별명이 있을 정도로 신학적으로 탄탄한 실력을 갖추고 있지만, 그의 설교는 누구나 듣기에 편한 일상의 언어로 성육신되어 있다. 마치 하늘의 언어를 이 땅의 언어로 번역하는 번역자처럼 하나님의 영광스러운 언어를 일상의 언어와 시장의 언어로 쉽게 전달하는 설교자다. 그의 설교에는 삼위 하나님의 일하심이 고스란히 녹아 있다. 말씀을 통해 그리스도를 선포함으로 우리 안에 일하시는 성령의 역사를 따라 하나님의 영광을 높이는 삼위일체 중심적 설교라고 할 수 있다. 저서로는 『회개를 사랑할 수 있을까?』, 『야근하는 당신에게』(이상 좋은씨앗), 『갈라디아서-통합적 성경공부 시리즈』(그책의사람들), 『새가족반』(복있는사람)이 있다.

● 함께 나누는 이야기

1. 고통의 문제 때문에 하나님을 원망하거나 신앙에 회의가 든 적이 있었습니까? 특히 코로나 기간 중에 고통을 당할 때 어떤 생각을 하셨습니까?

2. 본문에서 "하나님을 일종의 자판기처럼 여기는 것"을 보며 어떤 생각을 하셨습니까? 이러한 생각을 해보신 적이 있습니까? 이러한 생각이 잘못되었다면 그 이유를 나누어봅시다.

3. "순종하면 무조건 복을 받고, 불순종하면 무조건 저주를 받는다"는 신앙 방식은 어떤 면에서 잘못되었습니까? 예수 그리스도의 사역에 비추어서 나누어봅시다.

The Restoring Church

4. 자기연민으로 인해 불순종을 정당화했던 경험이 있다면 나누어봅시다. 그리고 예수님이 하신 일이 어떻게 우리를 자기연민으로부터 구원할 수 있는지 대답해봅시다.

5. 하나님의 말씀을 통해서 더 크신 하나님을 보고 싶은 갈망이 생기셨나요? 그렇다면 앞으로 어떻게 하나님의 말씀을 꾸준히 읽어갈지를 계획하고 나누어봅시다.

The Restoring Church

2부

사람과의 관계

3.
공동체의 회복

예배당 공동체에서
관계적 공동체로의 전환

포스트 코로나 – 교회 공동체는 어떤 모습이어야 하는가?

_김형익

> "엄격하게 말해서 교회는 항상 위기 상황 가운데 있어야 한다. …교회는 명백한 실패와 고난을 통해서만 그 자신의 참된 성격과 선교에 전적으로 충실할 수 있기 때문이다."
> – 헨드릭 크래머(Hendrik Kraemer)[1]

  2019년 12월, 중국 우한시에서 최초 감염이 확인된 후 불과 2-3개월 만에 전 세계를 멈추어 세운 코로나19 사태는 여전히 그 기세가 언제 꺾일지 아무도 예측할 수 없는 상황이다. 물론 언젠가는 지나가겠지만, 코로나19 사태는 세계의 모든 영역뿐 아니라 전 세계의 교회 공동체에도 우리가 생각할 수 있는 것 이상의 흔적을 남길 것으로 예상된다.

  여전히 진행 중이고 언제 어떠한 방식으로 마치게 될지도 모르는 코로나19 사태가 교회 공동체에 미칠 영향을 누가 어떻게 예견할 수 있겠는가마는, 그럼에도 현재 우리가 경험하고 있는 코로나19 사태의 한가운데에서 우리가 경험하고 있는 바를 근거로, 교회가 어떻게

3. 공동체의 회복

포스트 코로나 시대를 맞아야 할 것인지를 선제적으로 생각하는 일은 이미 교회의 피할 수 없는 선택이 되었다.

이 글에서 필자는 코로나19 사태가 교회 공동체에 미치게 될 변화와 그 예기되는 변화에 근거해 목회는 어떤 접근을 해야 할지를 교회 공동체 차원에서 생각하고 제시하려고 한다.

코로나19 사태로 교회 공동체가 경험한 현실들

먼저 코로나19 사태로 교회 공동체가 경험한 현실들을 생각해보자. 우리 역사에서 교회의 주일 공예배를 예배당에 모여서 드리지 않고 '영상 예배'라는 새로운 형식으로 대체한 경우는 초유의 경험이었다. 물론 이것은 현대 과학 기술의 발전과 보편적 보급 덕택에 가능한 일이었다. 단지 일부 교회에 국한된 경험이 아닌, 전국의 많은 교회, 나아가 전 세계 교회들이 채택하지 않을 수 없는 새롭고도 보편적인 경험이었다.

이 새로운 경험은 단지 "주일 공예배를 '이런 방식'으로 드려도 되는가?"와 관련된 공간의 문제만은 아니었다. 이것은 많은 그리스도인의 삶에서 주일이 없어지는 '시간적' 경험이기도 했다. 물론 어떤 교회는 주일예배뿐 아니라 주일학교와 기타 프로그램들을 주일예배에 이어 온라인으로 소화해냈지만, 이 일은 기술과 인력 자원 등의 시스템을 갖춘 일부 교회들만이 누릴 수 있는 경험이었다.

상황이 강제적으로 부과되었다는 점에서 전혀 다르기는 하겠지만, 교회가 예배당이라는 공간과 주일이라는 시간을 빼앗겼던 비슷한 사례를 역사 속에서 찾아본다면, 공산 독재 치하에서 예배가 금지되고 주일이 사라진 상황이나, 일주일을 7일 주기가 아니라 10일 주기로 바꾸고 형식적 미사와 예배 정도만을 허용한 탈기독교화의 프랑스 혁명정부 치하의 상황 정도를 들 수 있을 것이다. 어떤 이들은 흑사병이 대유행하던 14세기의 유럽을 떠올릴 수도 있겠으나, 흑사병은 지금의 코로나19처럼 신자들의 주일에 영향을 미치지는 못했다.

2020년의 코로나19 사태가 교회에게 미친 영향은 정말 새로운 경험임이 분명하다. 단지 주일예배만의 문제가 아니다. '사회적 거리 두기'라는 생소한 개념이 등장하면서 교회 공동체의 대부분의 모임과 만남들이 제한을 받을 수밖에 없게 되었고, 자연히 성도들의 교제는 침체되었다. 붐비던 교회당 공간은, 심하게 말하면 무인지경(無人之境)이 되었고 목회자들과 교회 지도자들은 처음 겪어보는 이 상황에 당황하지 않을 수 없었다. 많은 목회자에게 이러한 상황은 바삐 돌아가던 목회 현장이 사라지는 경험이었을 것이다.

성경 시대의 두 경험

우리가 코로나19 재난을 통해 경험한 이 현실은 분명히 초유의 경험이긴 하지만, 성경을 읽는 신자들에게는 전혀 생소하기만 하지는 않다. 물론 21세기에 우리가 경험하는 것과 성경 시대에 신앙 공동체가 경험했던 상황이 동일할 수는 없겠지만, 필자에게는 구약성경과 신약성경에서 각각 한 가지씩, 적어도 두 가지 사건이 떠오른다.

첫째는 구약 역사에서 주전 586년에 일어난 유다의 멸망과 예루살렘 성전 파괴 사건이다. 떠오르는 신흥 제국인 바벨론의 왕 느부갓네살의 동방 원정은 유다를 가만히 두지 않았다. 바벨론 군대의 예루살렘 봉쇄에 1년 5개월을 버티던 예루살렘은 결국 무너졌고, 유다는 패망했다. 정복군에게 투항하지 않고 끝까지 저항했던 예루살렘성은 성전과 함께 파괴되고 소화(消火)되는 운명을 겪어야 했다.

유대인들에게 예루살렘 성전은 하나님이 그들과 함께 계신다는 것을 확인하는 하나의 가시적 증거였다. 그런 하나님의 성전이 이방 군대에 의해 파괴되고, 불태워지고, 약탈당하는 모습을 지켜보아야 했던 이 역사적 경험은 그들에게는 결코 사소한 경험일 수 없었다. 이것은 그들의 신앙의 뿌리를 송두리째 흔드는 사건이었다.

성전의 파괴는 단지 유대인들의 신앙과 정신에만 영향을 미친 것이 아니었다. 이 사건은 이스라엘 백성의 일상에 영향을 미치는 너무나 실제적인 문제였다. 이스라엘 백성은 이제 자신들의 죄를 씻기 위해 어디로 가야만 하는가? 제물과 제사, 그리고 제사장과 레위인들이 더 이상 소용없어진 세상을 그들은 상상해보거나 꿈꾸어본 적이 결코 없었다.

현실은 냉혹했다. 예루살렘 거민들은 이런 고민을 하면서 앉아 있을 여유도 없었다. 빈민을 제외한 대다수의 예루살렘 거민들은 정복군의 비참한 포로가 되어 멀고 먼 바벨론 땅으로 강제 이거(移去)되기까지 해야 했다.

예루살렘 성전 파괴는 단지 제사 장소로서의 성전이 사라진 것만을 의미하지 않았다. 성전은 유대 공동체의 신앙의 중심이며 핵이었다. 성전이 파괴되었고 그 성전 터를 떠나 멀리 이방 땅에 가서 살아야 한다는 것은 그들이 조상 때부터 가지고 지켜온 신앙이 무너지는 경험이었다.

그래서 구약의 신앙 공동체는 결국 어떻게 되었는가? 성전 파괴와 함께 신앙 공동체도 무너지고 역사 속에서 사라지고 말았는가? 그렇지 않다. 결과적으로, 예루살렘 성전의 파괴는 유대 역사에서 유대인들의 신앙 공동체를 성전 중심의 종교에서 율법 중심의 종교로 바꾸는 거대한 변화를 가져온 요인이 되었다. 이 변화에 긍정적인 면이 있다면, 그것은 '말씀으로의 회귀'였다는 점이다.

제사드리는 장소를 잃어버린 성전 파괴 사건이 유대 공동체에 미친 영향을 보면서, 코로나19 사태를 겪고 있는, 그리고 겪은 후의 우리가 얻을 수 있는 교훈이 있지 않을까?

둘째로 코로나19 재난과 관련해 떠올릴 수 있는 신약성경의 사건은 스데반의 순교 이후 예루살렘교회에 전면적으로 불어닥친 박해 사건이다. 주님은 승천하시기 전 제자들에게 예루살렘에 눌러앉아 살라고 명하시지 않았다. 단지 "아버지께서 약속하신 것을 기다리라"라는 조건 아래서 예루살렘을 떠나지 말고 머물라고 명령하셨다(행 1:4). 주님이 말씀하신 것은 성령으로 세례를 받는 것이었고(행 1:5), 성령이 임하시면 그들은 권능을 받게 될 것이고 그때는 더 이상 예루살렘을 고집하지 않고 예루살렘과 유다, 사마리아, 그리고 땅 끝까지 이르러 주님의 증인이 될 것이라는 말씀이었다(행 1:8). 이것이 주님이 승천하시기 전 제자들과 교회의 첫 공동체에게 주신 말씀이다.

하지만 그들은 자신들의 안전지대로 여겨지는 예루살렘을 떠날 생각이 없었다. 주님이 말씀하신 대로 성령이 임하셨고 성령의 권능을 경험한 후에도 말이다. 첫 기독교 공동체는 예루살렘에서 일어나고 있는 부흥의 역사를 즐기고 있었다.

물론 그들에게 박해가 없었던 것은 아니다. 다만 전면적 박해가 아니었을 뿐이다. 그들이 예루살렘에 머물고 있었다고 해서 예루살렘 교회가 특별한 문제를 안고 있었던 것도 아니다. 그들은 "사도의 가르침을 받아 서로 교제하고 떡을 떼며 오로지 기도하기를 힘"썼고(행 2:42), 또 "날마다 마음을 같이하여 성전에 모이기를 힘쓰고 집에서 떡을 떼"는(행 2:46) 교회로 성장하고 있었다. 이뿐 아니라 "한마음과 한 뜻이 되어 모든 물건을 서로 통용하고 자기 재물을 조금이라도 자기 것이라 하는 이가 하나도 없"을 만큼 건강한 교회였다(행 4:32).

비록 외부적인 환경이 녹록지는 않았으나 그들은 정말 처음으로 경험해보는 큰 은혜를 누리는 신앙 공동체였다. 그러나 그들이 예루살렘이라는 한 장소에 머물러 그들끼리 사랑을 나누면서 살아가는 것은 주님의 뜻이 아니었다!

스데반의 탁월한 설교에 대한 하나님의 응답은 순교와 박해라는 선물이었다. 사도들을 제외한 성도들은 예루살렘을 떠나 뿔뿔이 흩어지지 않을 수 없었다. 천국처럼 느껴지기만 했던 예루살렘을 떠나 흩어져야 하는 일은 예루살렘 초대교회 성도들에게 유쾌한 경험일 수는 없었다.

그들은 선교의 비전을 품고 기도하는 가운데 전략을 세우고 나서 전략적으로 흩어진 것이 아니었다. 갑자기 예루살렘교회에 불어닥친 박해의 바람은 무섭게 몰아쳤고, 사도들과 성도들은 당황했을 것이 분명하다.

그들은 큰 박해가 일어나자 이전 주일처럼 모일 수 없었을 것이다. 일상적인 교제도 전과 같이 누릴 수 없었을 것이다. 그뿐만이 아니다. 그리스도인의 신분으로는 더 이상 예루살렘에 안전하게 머물 수조차 없었다. 예루살렘교회는 급히 흩어졌던 것으로 보인다. 이날 이후로 초대교회의 지형도는 크게 변했다. 예루살렘교회에 일어난 대박해를 설명하고 바로 이어지는 사도행전 8장 4절의 기록은 의미심장하다.

"그 흩어진 사람들이 두루 다니며 복음의 말씀을 전할새."

흩어진 그리스도인들이 두루 다니며 가는 곳마다 복음의 말씀을 전했다. 이 일로 인해 교회는 예루살렘이라는 경계를 넘어 확장되기 시작했고, 전에는 겪어보지 않은 새로운 도전의 장으로 들어가기 시작했다.

어느 날 갑자기 불어닥친 코로나19 사태를 겪으면서 여전히 혼란스러운 우리가 이 사건들을 통해서 배울 수 있는 교훈이 있지 않을까?

기독교는 주일예배를 생명과 같이 소중히 여겨왔다. 교회가 모든 것을 포기한다고 해도 주일예배만큼은 양보할 수 없는 불가침의 영역으로 생각했다. 주일예배는 마치 구약시대 이스라엘 백성의 성전 제사처럼 기독교 신앙 공동체의 중심 요소가 되어왔다. 주일에 성도들이 예배당에 모여 함께 예배드림으로 시작해 함께 식사를 하고, 함께 성경을 배우며, 함께 교제를 한다. 우리가 평상시에 얼마나 의식하고 살았는지는 모르겠지만, 우리의 신앙생활은 놀라울 정도로 주일과 예배당에 집중되어 있다. 이번 코로나19 사태를 겪으면서 교회가 정부-사회와 갈등을 빚으면서까지도 주일예배를 포기하거나 양보하기 힘들어했던 것은 충분히 이해할 수 있는 문제다.

물론 예배당이 파괴된 것도 아니고, 예배당에서 강제로 쫓겨난 것도 아니다. 하지만 교회의 코로나19 재난 경험에 대해서, 어느 날 갑자기 제사드리는 장소와 거룩한 시간을 잃어버렸던 주전 6세기의 유다 백성, 그리고 주후 1세기 예루살렘 초대교회로부터 우리가 배울 수 있는 교훈이 있지 않을까?

코로나19 사태가 교회에 안겨준 두 가지 핵심 이슈

1. 교회 공동체에게 있어서 '장소'의 의미는 무엇인가?

고대의 세계에서 장소는 절대적으로 중요했다. 소위 '온라인'이라는 개념은 존재하지도 않았다. 모든 일이 '오프라인'으로 이루어질 수밖에 없었다. 굳이 고대의 세계라고 한정 지을 필요도 없겠다. 우리는 인류의 오랜 역사에서 '온라인'이라는 개념을 경험하는 첫 번째 세대임이 분명하기 때문이다.

구약시대에는 성전이 중요했고, 신약성경이 기록된 주후 1세기에도 교회 공동체에게 있어서 "모이기를 폐하는 어떤 사람들의 습관과 같이 하지 말고"(히 10:25) 열심히 모이는 것은 그야말로 오프라인 장소를 생각하지 않고는 상상도 할 수 없는 일이었다.

하지만 21세기의 우리는 100년 전, 아니 50년 전의 사람들조차 상상할 수 없었을 만큼 변화된 사회를 살아가고 있다. 우리는 엄청난 거리를 여행하고 이동하면서 살아간다. 이른 아침 서울에서 아침을 먹고, 부산에서 일을 보고 점심을 먹은 뒤에, 저녁은 집에 돌아와서 먹을 수 있는 시대다. 금요일 저녁에 대구에서 집회를 마치고, 토요일 저녁 부산에서 설교하고, 주일 아침에는 서울에서 주일예배 설교를 할 수 있는 시대다.

평생을 태어난 곳에서 살다가, 100km 이상을 벗어나본 적 없이 살다가, 태어난 고향에서 죽는 것이 일상이었을 이전 시대의 사람들에게 우리가 지금 당연하게 여기고 살아가는 삶의 방식은 상상조차 할 수 없는 일이었다.

로컬 처치(Local Church, 지역에 기반을 둔 교회 공동체)의 개념도 더 이상 존재하지 않는다. 자가용 시대는 자신이 속할 교회를 선택할 수 있는 범위를 과거에는 상상도 할 수 없을 만큼 넓혀주었고 차로 1시간 정도 이동해 예배를 드리는 일은 크게 이상하지 않은 일이 되었다. 이런 현실에서, 공동체를 전제로 하는 교회의 삶은 어떻게 가능하겠는가? 성경에서 말하는 바, "서로 돌아보아 사랑과 선행을 격려하며 모이기를 폐하는 어떤 사람들의 습관과 같이 하지 말고 오직 권하여 그 날이 가까움을 볼수록 더욱 그리하자"(히 10:24-25)라는 말씀을 우리는 어떻게 순종해야 하는가?

일주일에 2-3일, 혹은 3-4일은 예배당에 가야 하는데, 가는 데만 1시간이 족히 걸리는 길을(교통 체증을 만나면 편도 1시간을 훌쩍 넘긴다) 이동해 한두 시간의 수요예배나 금요예배, 혹은 성경공부를 하고 돌아오는 것이 얼마나 가능하며, 얼마나 효율적인 일이겠는가? '효율적'이라는 단어는 신앙의 영역에 적절한 단어가 아니기에, 이 말을 사용하는 것이 죄송한 심정이다.

교회는 건물이 아니다. 그리고 예수님은 단지 예배당의 영역에 제한된 주님이 아니시다. 예수님은 우리의 가정마다, 일터마다 그곳의 주인이시다. 이것은 새로운 가르침도 아니고 모르는 바도 아니다. 하지만 코로나19 재난으로 말미암아 경험하게 된, 가정에서 드리는 영상 예배는 전에 없이 새로운 방식으로 가정을 성소(聖所)로 보는 새로운 관점을 우리에게 가져다주었다. 뿐만 아니라 가정이 교회라는 관점, 가정집이 예배당이고 교제의 장소라는 관점을 가져다주었다. 물론 성도들이 주의 말씀을 따라 제대로 인도함을 받아왔고 올바른 영상 예배 형식으로 하나님을 예배했다면 말이다.

주님은 예배당을 넘어 우리의 가정, 즉 응접실, 서재, 그리고 침실에 이르기까지 모든 곳에 계시는 우리의 주님이시다. 우리 중 대다수가 가장 많은 시간을 보내는 일터도 마찬가지다. 부인할 수 없는 것은, 우리 중 많은 성도가 장소에 매이지 않는 영상 예배를 통해 '새로운 맛'을 경험하게 되었다는 사실이다. 우리가 맛을 본 이 잔이 독배가 될지, 성배가 될지는 코로나 이후에 교회 공동체가 어떻게 대응하느냐에 달려 있는 문제가 아닐까?

코로나 이전이나 이후나 우리는 여전히 우리이겠지만, 코로나19 사태는 교회 공동체에게 있어서 "'장소'의 의미는 무엇인가?"에 대한 질문과 더불어 장소에 대한 전혀 새로운 관점을 남길 것으로 보인다.

2. 사회적 거리 두기와 영적 다가서기

우리가 코로나19 사태를 겪으면서 익숙해진 신조어가 있다. '사회적 거리 두기.' 지역사회에서의 감염을 차단하기 위한 소극적 수단으로, 사람들이 밀집하는 모임을 피하고, 만남이나 외출을 자제하고, 가능한 재택근무를 확대하는 캠페인이다. 정부의 고강도 사회적 거리 두기 협조 요구와 이 비상(非常)한 상황에서 많은 교회의 자발적 사회적 거리 두기 참여는 교회의 주일예배를 영상 예배로 전환시켰고, 주일학교와 기타 모임들까지도 영상으로 대체하게 하는 결과를 가져왔다.

어떤 신자들에게 사회적 거리 두기는 "모이기를 폐하는 어떤 사람들의 습관과 같이 하지 말고"(히 10:25)라는 성경의 가르침과 충돌하는 일이라고 느껴졌고, 또 다른 신자들에게는 교회가 비상한 상황에서 사회적 거리 두기를 유지하면서도 어떻게 영적으로 '다가서기' 내지는 '가까이하기'를 할 수 있는지를 고민해야 하는 상황을 직면하게 했다.

사회적 거리 두기는 우리 사회 전반에 '코로나 블루'(Corona Blue)라고 불리는 우울증 현상도 낳았다. 지역사회의 집단 감염을 피하기 위해 우리가 치러야 하는 대가일 것이다. 이런 상황은 교회라고 해서 예외가 아니다. 주일에 예배당에 가서 예배를 드릴 수 없고(그나마 신앙이 있는 가정들은 괜찮다. 혼자서 생활하거나 가족들과 함께 있더라도 홀로 신앙생활을 하는 경우는 더 심각하다), 주 안에서 형제자매들과 친교를 나눌 수 없는 성도들은 코로나 블루에 더해 영적 고립감까지 느껴야 했다.

그런데 여기서 솔직하게 되묻고 싶은 말이 있다. 정말 우리는 그전에는 괜찮았던가? 우리 신앙 공동체 안에서의 영적 사귐은 영적으로 다가서기와 가까이하기가 충분했고, 우리 안에서의 영적 결속은 정상적으로 작동하고 있었던 것일까? 아니면 그저 장소와 시간이라는 형식 안에서 주어진 만남에 불과했던 것은 아닌가? 사회적 거리 두기 이전부터 우리는 이미 '영적 거리 두기'도 실천하고 있었던 것은 아니었나? 이 같은 반성이 필요하지 않은가?

겉으로야 무슨 문제가 있었겠는가? 교회 리더들의 눈에 보이는 예배 모임, 교제 모임에서야 무슨 문제가 발견될 수 있었겠는가? 하지만 사회적 거리 두기라는 상황은 교회 리더들의 눈앞에서 모든 가시적인 예배 모임과 교제 모임을 앗아가고 말았다. 이제 진짜 영적 다가서기와 진짜 영적 가까이하기가 어떻게 작동하고 있는지를 볼 수 있는 최적의 시간이 온 것이다.

물론 이런 시간도 언젠가는 지나갈 것이다. 그리고 언젠가 우리는 전과 같은(똑같을 수 있을지는 모르겠다) 상황으로 돌아갈 것이다. 하지만 우리가 우리 자신의 교제와 사귐의 질을 평가할 수 있는 이 최적의 시간을 어떻게 보냈는가는 장래에 우리 신앙 공동체의 성격과 성숙에 적잖은 차이를 가져올 것이다.

사실 사람들을 예배당으로 끌어모음으로써 성장을 경험해왔고 그런 성장을 추구하는 기존의 교회 패러다임으로는 갑작스럽게 우리에게 다가온 코로나19 재난의 상황에서 선택할 수 있는 대안은 거의 없어 보인다. 관리의 방식으로 목회를 해왔던 그 관리 체제를 목회자 중심의 더 촘촘한 조직으로 만드는 방법 외에는 말이다. "사람을 끌어모음으로써 외형적 성장을 일구는 데 집중했던 전통적 방식은 결국 소비지상주의가 치러야 하는 대가를 지불하게 되어 있다. 가족이 아닌 소비자들은 언젠가는 떠나게 되어 있다"[2]라는 앨런 허쉬(Alan Hirsh)의 무서운 지적은 지금 이 상황에 딱 들어맞는 말이 아닐 수 없다.

코로나19 재난의 상황이 교회에 어떤 흔적을 남길 것인가? 사람들을 예배당으로 끌어모으는 성장을 추구했고, 목회를 전문 목회자들의 관리로 전락시킴으로써 전혀 유기적이지 않고 유기적이 될 수도 없는 조직체에 무게를 실었던 교회들은 큰 근심과 염려 가운데서 이런 질문을 던지지 않을 수 없을 것이다. 이 점에서 코로나19 사태는 하나님이 우리 교회에 주신 축복의 기회일지도 모른다. 구약 이스라엘 백성이 성전의 파괴로 말미암아 율법으로 돌아갈 수 있었고, 초대 예루살렘교회가 예루살렘에 임한 대박해로 말미암아 흩어짐으로써 선교적 공동체로 전환할 수 있었던 것처럼 말이다.

교회는 어떻게 사회적 거리 두기를 지나 (최근 정부는 감염 추세가 꺾이면서 '생활 속 거리 두기'로 지침을 바꾸었다) 흔들림 없이 영적 다가서기와 영적 가까이하기를 가능하게 할 수 있을 것인가? 이것이 우리가 포스트 코로나 시대를 맞으면서 고민해야 할 숙제가 아닐까?

코로나 이후 신앙 공동체의 방향 전환

필자는 서두에서 "엄격하게 말해서 교회는 항상 위기 상황 가운데 있어야 한다. …교회는 명백한 실패와 고난을 통해서만 그 자신의 참된 성격과 선교에 전적으로 충실할 수 있기 때문이다"라는 선교학자 헨드릭 크래머의 말을 인용했다. 코로나19 사태로 인해 교회가 경험한(혹은 경험하고 있는) 위기 상황은 우리에게 너무나 생소해서 당황스럽기까지 하다. 이 점은 분명한 사실이다.

하지만 크래머의 말처럼, 교회 자신에게 있어서 이 위기 상황은 본질로 돌아갈 수 있는 기회임이 분명하다. 만일 우리가 코로나 이후 대처하는 상황에서 본질에 충성스러운 신앙 공동체로 회복될 수 없다면, 우리는 하나님이 주신 절호의 기회를 낭비한 불의한 종이 되고 말 것이다.

필자는 코로나19 사태 이후 신앙 공동체가 어떻게 대처해야 하고, 어떤 방향 전환을 시도할 수 있을지를 조심스럽게 제시해보려고 한다. 특별히 '탈예배당 공동체로의 전환'과 함께 '관계적 공동체로의 전환'이라는 두 축을 중심으로 이야기하겠다.

탈예배당 공동체로의 전환

포스트 코로나 시대에 우리는 무엇보다 예배당 중심의 공동체에서 탈예배당 공동체로의 변화를 논의할 필요가 있다. 그간 우리는 "교회는 건물이 아니라 사람이다"라는 말을 수도 없이 많이 해왔다. 하지만 지금 코로나19 재난 상황에서만큼 이 점을 깊이 성찰할 수 있는 기회가 있었던가?

필자는 주일예배를 영상 예배로 전환하자는 말을 하려는 것이 아니다. 복음주의 기독교 안에서 신학적 전제와 신앙 전통의 차이는 존재하고 또 존중하더라도, 코로나 이후의 교회는 기존의 예배당 중심적 신앙으로부터 탈예배당 신앙으로의 전환이 어느 영역에서 어떤 방식으로 가능하며, 그 각각이 신학적으로 승인될 수 있는지에 대한 논의를 시작해야만 한다는 생각이고 제안이다.

이미 '영상 성찬'이라는 형태로 나타나고 있긴 하지만, 분명히 이보다 더 과격한 시도들도 있을 것이 예상된다. 하지만 우리가 이미 코로나19 재난 상황에서 어느 정도 경험했듯이, 우리에게 갑작스럽게 불어닥친 상황이 교회로 하여금 신학을 하게 하고 새로운 주제에 관한 논의들을 활발하게 이끌어낸다는 점은 바람직한 현상이다. 그리고 당분간 이런 논의들이 신학자와 목회자들 사이에서 이루어질 필요가 있고, 이런 논의들이 좀 더 성경적이고 신학적이며 목회적인 차원에서 건강한 논의들로 전개되었으면 하는 것이 필자의 바람이다.

관계적 공동체로의 전환

신앙 공동체에게 있어서 한곳에 모이는 모임은 필수적이고, 그 모임은 예배와 교제와 봉사와 선교를 위한 모임이 되어야 한다.

이 글의 주제는 "코로나 이후 공동체의 회복"이다. '공동체'라는 말은 '코이노니아', 곧 '사귐', 혹은 '참여'와 뗄 수 없는 관계를 가진다. 바울 사도는 "그에게서 온몸이 각 마디를 통하여 도움을 받음으로 연결되고 결합되어 각 지체의 분량대로 역사하여 그 몸을 자라게 하며 사랑 안에서 스스로 세우느니라"(엡 4:16)라고 말했다. 이것이 공동체이고, 이러한 공동체는 각 지체들 간의 유기적 관계를 전제한다.

그저 예배당이라는 장소에 많은 사람이 모여 있다는 것이 교회의 건강함을 보여주는 요소는 아니며, 교회가 본질에 충실하다는 것을 증명하지도 않는다. 그럼에도 필자는 우리가 다 알면서도 그동안 속으면서, 혹은 스스로를 속이면서 지내온 것은 아닌지 의구심이 든다.

좀 더 솔직해져보자. 코로나19 사태로 인해 모임이 정상적으로 이루어지지 않을 때 우리 공동체의 신앙, 그리고 각 지체들의 신앙이 얼마나 무너지고 있는가가 우리가 그동안 얼마나 예배당 중심적 신앙의 형태를 가져왔던가를 돌아보게 하는 시금석이 되고 있지 않은가? 코로나19 사태는 교인들의 신앙이 장소 중심적이었는지, 아니면 관계 중심적이었는지를 돌아보게 하는 시험대가 되지 않을까?

이때 이런 질문들이 필요하다. 전문적인 목회자 그룹의 지도 아래에서, 수동적으로 예배당에 오고 프로그램에 참여하는 것으로 신앙생활을 하던 사람들이 교인 중에서 얼마나 되는가? 주일예배에 참석하는 것이 교회생활의 전부인 사람들이 교인 중에서 얼마나 되는가?

조금 더 들어가보자. 교회에서 일정한 봉사의 역할을 받아 성실하게 맡겨진 봉사를 감당하는 교인들이 있다. 비록 상당 시간 성실하게 봉사의 일을 감당해왔다고 할지라도, 만일 그들의 교회생활에서 주 안에서 형제자매들과의 영적 결속을 경험하는 사귐의 관계가 전혀, 혹은 거의 형성되어 있지 않았다면 그들은 지금과 같은 위기의 때에 적잖은 타격을 입게 될 것이다.

문제는 결속이다. "신앙 공동체 안에서 내가 얼마나 그리스도 안에서 형제자매들과 결속된 사귐의 관계를 가지고 살아왔는가?" 하는 문제가 코로나19 사태를 통해 우리 신앙을 돌아보는 중요한 질문이 되어야 한다. 단순히 "예배를 못 드려서 힘들다"가 아니라, "진정한 결속이 우리 공동체 안에 씨줄과 날줄처럼 형성되어 있었는가?", "나는 그런 결속의 관계들 속에서 살아왔는가?"를 돌아볼 수 있는 기회가 온 것이다. 교회는 교회대로, 목회자와 장로들은 그들 나름대로, 그리고 신자들 모두는 이런 질문들을 던져야 한다. 이것은 코로나19 사태라는 위기 상황을 통해 하나님이 우리에게 주시는 선물이 아니겠는가!

필자가 말하는 '탈예배당 신앙'은 다소 부정적인 어감을 주는 표현이다. 그러나 여기까지 필자의 생각을 따라온 독자들은 탈예배당 신앙이 단순히 예배당을 벗어나자는 논의가 아니라 '사귐 중심의 신앙으로 돌아가자'는 말이라는 것을 눈치챘을 것이다.

성경이 가르치는 신앙은 본질적으로 관계다. 성경은 신앙을 관계로 설명한다. 우리는 그리스도를 믿음으로써 하나님의 자녀가 되고, 그리스도와 연합되며, 그리스도의 신부가 된다. 이 믿음으로써 하나님의 자녀가 되고 그리스도와 연합된 각 사람은 한 아버지 아래서 가족이 되고 형제 관계를 형성하게 된다. 그들은 그리스도의 몸의 지체가 된다. 이것은 모두 관계를 전제하는 설명들이다.

그렇다면 한자리에 모이기 힘들고, 전과 같이 교회의 프로그램들을 진행할 수 없음을 경험하게 한 코로나19 사태는 우리로 하여금 "우리가 진정 교회인가? 우리는 진정 사귐의 관계로 결속되어 있는 유기적인 교회인가?"를 묻게 하는 좋은 기회임이 분명하다. "우리의 목회는 참된 신앙을 관계와 사귐의 결속을 통해 세워가게 하는 목회였는가?"
이것은 목회자들이 물어야 할 질문이다.

히브리서 기자는 박해로 말미암아 교회에 이탈자-배교자들이 일어나는 상황에서 적잖이 당황하고 있던 교회를 향해 이렇게 권면했다.

"형제들아 너희는 삼가 혹 너희 중에 누가 믿지 아니하는 악한 마음을 품고 살아 계신 하나님에게서 떨어질까 조심할 것이요 오직 오늘이라 일컫는 동안에 매일 피차 권면하여 너희 중에 누구든지 죄의 유혹으로 완고하게 되지 않도록 하라"(히 3:12-13).

피차 권면하는 일은 목사들의 잡(job)이 아니다. 이 말씀은 그리스도 안에 있는 모든 형제에게 성령이 주시는 권면이다. 코로나19 사태로 모이지 못했던 상황이 목사들을 더 바쁘게 만들었는가, 아니면 교회의 지체들이 서로의 자발적인 돌아봄을 더 적극적으로 할 수 있는 기회가 되었는가를 물어야 한다.

실제로, 어떤 교회들이 코로나19 재난이라는 비상한 상황 속에서 전에 없는 형제 사랑을 경험했다는 소식을 듣는 것은 정말 기쁜 일이 아닐 수 없다. 히브리서의 이 권면과 함께 "우리가 자발적 돌아봄을 적극적으로 행하는 공동체인가?"를 자문해보는 것은 우리 신앙 공동체가 코로나 이후에 지향해야 할 방향을 어느 정도 제시해주지 않는가?

예루살렘 성전이 파괴된 후 바벨론으로 끌려간 유대인들이 가졌을

절망감은 우리로서는 거의 상상할 수 없을 만큼 거대했을 것이다. 이것을 이해하는 데는 홀로코스트에서 살아남은 엘리 위젤(Elie Wiesel)의 증언이 도움이 될 것이다.[3] 아우슈비츠수용소에서 사형 틀에 달려 죽어가는 소년을 보면서 유대인들이 던졌던, "하나님은 어디 계신가?"라는 절망적 질문이 바벨론의 유대인들에게 왜 없었겠는가? 그러나 하나님은 바벨론에 포로로 잡혀간 선지자 에스겔을 통해서 그 백성에게 가슴이 멎고 머리칼이 설 만한 대답을 주셨다.

"그들이 도달한 나라들에서 내가 잠깐 그들에게 성소가 되리라"(겔 11:16).

하나님은 예루살렘에서 바벨론으로 강제 이거당해 온 유대 백성과 함께 거하시기 위해 예루살렘 성전을 떠나 그들이 살고 있는 이방인들의 땅에 오셔서 그곳을 성소로 만드셨다!

신앙 공동체가 예배당이라는 지정된 성소로부터 해방된다는 것은 신앙이 우리의 가정과 일터, 삶의 일상 속으로 침투해 들어가는 중요한 전환점이 될 수 있다. 성속(聖俗)으로 나뉜 이원론적 사고의 틀을 깨뜨리고 하나님이 우리 삶의 모든 영역에 관여하실 뿐 아니라 그 모든 자리의 주인이시라는 것을 각성하는 사고의 전환, 신앙의 전환을 가져오는 기회다. 야곱이 벧엘 광야에서 "여호와께서 과연 여기 계시거늘 내가 알지 못하였도다"(창 28:16)라고 말한 것처럼 말이다.

교회가 코로나 이후 이러한 방향 전환을 시도하려고 할 때 반드시 건너야 하는 강은 교회의 구조가 목회자 주도형 관리 체제에서 성도의 자발적 결속 관계로 건너가야 한다는 것이다. 이것은 교인들을 종교 소비자로 만드는 목회가 아니라 성숙한 성도들로 세워가는 목회로의 전환이다. 성도들 스스로가 복음 안에서 풍성한 교제를 나눌 수 있고, 자신들의 연약함 속에서 경험하는 하나님의 강하심을 나누는 영적 결속의 관계망으로 촘촘해지는 교회로 가는 것이다.

이 전환은 종래의 다수 한국 교회가 추구하던 방향에서 유턴을 해야 하는 일이기에 많은 대가를 지불하지 않고 자연스럽게 이루어지지는 않을 수도 있다. 예상되는 바 가장 값비싼 대가는 상당수의 소비자-교인들을 잃어버리는 일이 될 수도 있다. 그럼에도 불구하고 한국 교회가 선명한 성경적 확신을 가지고 이 강을 건널 수만 있다면, 2020년의 전반기를 휩쓸고 있는(어쩌면 하반기까지도) 코로나19 사태는 한국 교회에게 정녕 축복의 사건이 될 수도 있을 것이다.

상상해보라. 100명이 모이든 1만 명이 모이든 그들 대다수가 영적 어린아이로 가득한 교회를 말이다. 그들을 섬겨야 할 전문 목회자들의 공급은 늘어나는 수요를 충족시킬 수가 없다. 이런 육아(babysitting) 목회에서 벗어나야 한다. 우리는 경건한 어른들, 소위 영적 결속의 관계를 맺을 줄 아는 어른들이 많은 교회로 가야 하고, 목회는 이런 경건한 어른들을 만드는 목회의 본질로 회귀해야만 한다. 지금이 기회다.

여기에는 많은 전략과 전술도 필요할 수 있다. 요즘 가장 핫한 애플

리케이션은 다자간 화상 회의 및 강의도 가능하게 하는 '줌'(ZOOM)이다. 교회들도 이미 이런 종류의 애플리케이션들을 이용해서 교육을 하기 시작했다.

필자는 목회의 현장에서 한 가지 가능한 사례로, 디지털 대면(對面) 심방을 소개하고 싶다. 코로나19 사태로 심방을 가겠다고 해도, 심방을 와 달라고 해도 민폐가 되는 시기를 지나면서 성도들이 주일예배부터 개인의 경건생활에 이르기까지 잘 살아가고 있는지, 우울감에 힘들어하고 있지는 않은지를 살피려고 전 교인을 대상으로 디지털 대면 심방을 시작해보았다.

사회적 거리 두기가 우리 삶의 많은 만남을 비대면(非對面)으로 전환시켰지만, 우리가 거의 다 가지고 있는 스마트폰의 '페이스타임'이나 '페이스톡'을 통해 비대면이 아닌 대면으로 각 가정과 개인을 정해진 30분이라는 시간 동안 심방할 수 있었다. 차를 내오고 음식을 차릴 필요도 없다. 옷만 제대로 입고 스마트폰 앞에 부부, 혹은 가족이 앉아 있으면 된다.

디지털 대면 심방은 매우 경제적이다. 말을 돌리고 말고 할 필요가 없이 바로 본론으로 들어갈 수 있고, 사람들이 직접 대면보다 디지털 대면에서 좀 더 쉽게 마음을 여는 느낌까지 받았다. 단순한 전화 통화가 아니다. 정식으로 대면해서 만나는 심방이다. 단지 디지털일 뿐이다.

아마도 우리가 장소에 매이지 않는 탈장소의 신앙으로 전환하려고 한다면, 그리고 결속과 사귐 중심의 신앙으로 가려고 한다면 이와 같은 많은 아이디어나 방법들이 나올 것이다. 그러나 명심할 것은, 이런 것들이 수용 가능한가를 결정하는 우리의 판단 기준은 실용성이 아니라 성경과 신학이라는 점이다.

위기와 마주친 것은 진실한 교회가 될 가능성과 만난 것이다

주전 6세기 예루살렘 성전 파괴와 바벨론 유수, 그리고 주후 1세기 예루살렘교회에 일어난 대박해와 성도들의 흩어짐이라는 어마어마한 사건들은 비록 당시의 신앙 공동체를 송두리째 흔들기는 했지만 결국 신앙 공동체를 파괴하는 결과를 가져오지는 않았다. 도리어 그들 신앙 공동체는 전혀 낯설고 새로운 환경 속에서 더욱 견고해졌고, 교회의 본질에 보다 충실해지는 변화를 경험했다. 우리는 위기와 마주친 것이 진실한 교회가 될 가능성과 만난 것임을 알아야 한다. 다음은 데이비드 보쉬(David J. Bosch)의 말이다.

"그러므로 위기는 기회의 끝이 아닌 실제로 그 기회의 시작일 뿐이며, 위기와 기회가 만나는 곳이며, 미래가 결정되는 곳이며, 사건들이 어느 방향으로든지 전개될 수 있는 개방된 곳이다."[4]

적지 않은 전문가들이 우리를 기다리고 있는 세상은 코로나19가

완전히 사라진 세상이라기보다는 코로나19와 공존하는 세상이 될 가능성을 예견하고 있다. 이런 세상이 우리가 맞아야 하는 세상이라면 더더욱 이 상황은 교회에게 상존하는 위기와 긴장감을 안겨줄 것이다. 이렇게 형성되는 위기감은 오히려 교회를 본질에 충실한 신앙 공동체로 전환하게 하는 촉진제로 작용할 가능성이 크다.[5]

코로나19 사태는 교회를 충분히 당황하게 했고, 고민하게 만들었으며, 심지어 불안을 경험하게도 했다. 그러나 일정 시간이 지난 뒤에 이런 불안의 요소가 우리 신앙 공동체를 더 건강하게 세워가는 데 필요한 일이었음을 고백할 수 있게 된다면, 전 세계를 고통스럽게 했고 많은 사망자를 낳은 코로나19 사태는 다른 한편으로는 교회를 정상(正常)의 자리로 돌이키게 한 축복의 일면이었음을 우리는 인정하게 될 것이다.

그러나 늘 이런 전환의 시기에는 모든 아이디어와 시도를 고려할 때 그것이 가져올 위험성이 무엇인지도 아울러 생각해야만 한다. 성경에 토대를 둔 신중함과 지혜가 어느 때보다 필요하다.

김형익 목사

말씀의 원의미와 현시대의 적용을 치밀하게 탐구해 선포하는 목회자. 김형익 목사의 탁월한 강해설교는 많은 성도뿐 아니라 신학도들과 목회자들에게도 깊은 영향을 미치고 있다. 특히 꾸준한 목양을 바탕으로 한 섬세한 인간 이해는 수준 높은 그의 성경 이해를 더 탁월하게 실존적으로 적용할 수 있게 해준다. 건국대학교(B.A.)와 총신대학교(M.Div.)를 거쳐 수마트라의 에벤에셀신학교에서 교수로 섬겼고, GP선교회 한국 대표를 거쳐 워싱턴 D.C.에서 죠이선교교회를 설립했고, 귀국해 현재 전라도 광주에서 벧샬롬교회를 섬기고 있다. 저서로는 『우리가 하나님을 오해했다』, 『참 신앙과 거짓 신앙』(이상 생명의말씀사), 『율법과 복음』(두란노서원), 『은혜와 돈』(복있는 사람)이 있다.

● 함께 나누는 이야기

1. 저자는 우리가 경험하고 있는 코로나19 사태와 관련해, 성경의 두 사건(예루살렘 성전 파괴에 이어진 바벨론 유수, 그리고 스데반의 순교에 이어진 예루살렘에 일어난 박해)을 연결 지어 설명하고 있습니다. 다시 한 번 이 부분을 읽고 자신의 생각을 나누어봅시다.

2. "교회는 건물이 아니라 사람입니다." 그래서 함께 모이지 못하는 상황이 오더라도 교회의 존재 이유가 무너지는 것은 아닙니다. 코로나 이후의 시대에 영상으로 예배를 드리는 것에 대해서 어떻게 생각하십니까? 온라인 예배와 오프라인 예배의 장단점을 각각 나누어봅시다.

3. 저자는 코로나19 사태를 통해 교회가 사람을 끌어모음으로써 외형적 성장을 추구하던 방향을 반성하고, 신앙 공동체 안에서의 사귐의 질을 추구하는 관계 중심적 공동체로 갈 필요가 있다고 말합니다. 사회적 거리 두기, 혹은 생활 속 거리 두기를 실천하면서도, 교회가 신앙 공동체로서 사귐의 질을 높일 수 있

The Restoring Church

는 방법들은 무엇이 있는지 함께 나누어봅시다.

_____
_____

4. 저자는 신자 개개인의 영적 성숙이 일어나지 않은 채, 예배당이라는 장소로 더 많은 사람을 끌어모으고 전문 목회자들이 주도적으로 그들을 돌보는 육아(babysitting) 목회로부터 성도들이 경건한 어른으로 자라가고, 성도들의 주도적이고 자발적인 돌아봄이 적극적으로 행해지는 목회로 전환할 것을 요청하고 있습니다. 만약 목회자라면 이 전환을 위해, 현재 교회의 목회 방향과 시스템과 프로그램 가운데 어떤 수정이 필요하겠습니까?

_____
_____

5. 교회사를 보면 많은 어려움이 있었던 시대 뒤에는 본질을 회복한 부흥의 시대가 있었습니다. 코로나19 사태를 통해서 각자 깨달은 공동체에 대한 이해와 포스트 코로나 시대에 교회 공동체를 위한 자신의 다짐들을 나누어봅시다.

_____
_____

4.
양육과 훈련의 회복

다시 모이는 교회, 세상으로 흩어지는 교회를 위한 훈련

포스트 코로나 – 교회의 양육과 훈련은 어떻게 변화되어야 하는가?

_양승언

> "좋은 위기를 낭비하지 말라."
> – 윈스턴 처칠(Winston Churchill)

캐나다의 미디어 이론가이자 문화비평가인 마셜 맥루한(Herbert Marshall McLuhan)은 "미디어는 메시지다"(Media is Message)라는 유명한 말을 남겼다. 어떤 매체를 사용하느냐에 따라 메시지의 내용 자체가 바뀐다는 의미다.

예를 들어, 절벽에 핀 꽃의 아름다움을 전달한다고 가정해보자. 글이라는 매체를 이용한다면, 절벽의 크기와 모양, 꽃이 있는 위치와 모습, 주변의 환경에 대해 자세히 서술해야 한다. 뿐만 아니라 글을 읽는 사람의 상상력을 의지해 자신이 말하고 싶은 내용을 전달해야 한다. 하지만 영상이라는 매체를 이용한다면, 사진 한 장을 보여주면 된다. 청중은 사진을 보고 아름다움을 느끼게 되며, 이 경우 메시지

구성에 있어 청중의 상상력에 기반한 참여가 제한적이다. 어떤 매체를 사용하느냐에 따라 전달하는 내용 자체가 달라지게 된다.

코로나19는 우리 사회에 다양한 측면에서 변화를 가져왔다. 그중 가장 많은 영향을 받은 영역이 있다면 교육 현장일 것이다. 대학생을 시작으로 초등학생까지 학교에 등교하는 대신 집에서 온라인으로 수업이 진행되었다. 이는 교육자나 피교육자 모두에게 낯설고 특별한 경험이었다. 앞으로 어떤 형식이든지 온라인을 이용한 교육은 빈번히 활용될 것이고, 이는 분명 교육 현장에서 여러 면에서 도전으로 다가올 것이다. 마셜 맥루한의 말처럼, 교육 매체의 변화는 단순한 형식의 변화를 넘어 교육 내용 자체의 변화로 이어질 것이기 때문이다. 교회도 마찬가지다. 사도 바울은 골로새 교인들에게 쓴 편지에서 이렇게 말했다.

"우리가 그를 전파하여 각 사람을 권하고 모든 지혜로 각 사람을 가르침은 각 사람을 그리스도 안에서 완전한 자로 세우려 함이니 이를 위하여 나도 내 속에서 능력으로 역사하시는 이의 역사를 따라 힘을 다하여 수고하노라"(골 1:28-29).

바울은 자신이 수고하는 이유가 각 사람을 그리스도 안에서 완전한 자, 즉 예수님의 제자로 가르쳐 세우려 함이라고 밝혔다. 즉 교회에 주어진 중요한 사명 중 하나는 성도를 양육하고 훈련하는 것이다. 따라서 코로나19로 인한 교육 환경의 변화는 교회 내 양육과 훈련 과정에도 많은 변화와 도전을 가져올 것으로 예상된다.

그럼 이런 현상을 어떻게 바라보고 대처해야 할까? 이에 대해 수동적이거나 방어적으로만 접근할 필요는 없다. 사도 바울이 로마가 만들어놓은 도로를 따라 복음을 전했고 이것이 초기 기독교의 확장에 큰 도움이 되었던 것처럼, 새로운 교육 환경은 지혜롭게 활용한다면 복음을 확장하고 성도를 양육하는 데 유익한 도구로 작용할 수 있기 때문이다.

이 글에서는 코로나19가 가져온 교육 및 양육 환경의 변화와 이에 교회가 어떻게 대처해나가야 할지에 대해 다루고자 한다.

코로나19와 가정의 역할

코로나19가 한창일 때 어느 유명인의 서신이 공개된 적이 있다. 이 편지는 코로나19 사태를 통해 깨달은 14가지 교훈에 대해 담고 있었다. 편지는 "나는 좋은 일이든 나쁜 일이든 세상에 일어나는 모든 일엔 영적인 목적이 반드시 있음을 강력히 믿는 사람"이라며 "코로나19가 우리에게 행한 일들에 대해 나누고 싶다"는 말로 시작했다. 그가 제시한 14가지 교훈 중에는 "이번 사태는 가족과 일상이 얼마나 소중한지, 그리고 그동안 우리가 이것을 얼마나 무시했는지를 상기시켜 준다"며 "우리를 강제로 집에 돌려보내 가정을 재건하고 가족 관계를 강화하도록 만들고 있다"는 내용이 포함되어 있었다. 물론 이 편지는 가짜 편지인 것으로 확인되었지만, 그만큼 통찰력 있는 지적이었기에 많은 사람이 공감한 것이 아닐까 한다.

과거에는 교육의 상당 부분이 가정에서 이루어졌다. 인성 교육은 물론, 살아가는 데 필요한 기본적인 지식과 지혜를 가정에서 주로 배우고 익혔다. 이런 점에서 가정은 하나의 학교라고 할 수 있었다. 현대화가 진행되면서 교육의 상당 부분이 가정이 아닌 공적인 영역에서 이루어지고 있다. 자녀들은 대부분의 시간을 학교나 학원에 할애하며, 가정에서 부모나 형제자매와 함께 지내며 배우는 시간은 양적으로나 질적으로나 줄어들고 있는 실정이다. 달리 말하면, 학교로서의 가정의 역할이 점점 감소되고 있는 것이다. 이러한 현상은 자연스럽게 가정과 부모의 역할과 권위의 약화를 가져올 수밖에 없었다.

그런데 코로나19로 인해 자녀들이 가정에서 지내는 시간이 늘어났다. 단순히 시간만 늘어난 것이 아니라, 학교나 학원이 감당하던 교육적 역할을 가정에서 담당해야 했다. 온라인 수업이 진행됨에 따라 생활과 학습 지도의 책임이 부모에게 주어졌다. 코로나19로 인해 가정이 다시 학교의 역할을 수행하도록 요청받은 것이다.

그렇다면 가정은 이런 요구에 대처할 준비가 되어 있을까? 코로나19로 인해 가정에서 머무는 시간이 늘어난 이후, 프랑스에서는 가정폭력이 32%나 증가했다는 보도가 있었다. 프랑스뿐만 아니라 이동제한령이 시행된 유럽 여러 나라에서도 가정폭력이 20%가량 늘어났다고 영국 공영방송 BBC는 전한다. 이는 가정에서 보내는 시간이 늘어나면서 생긴 부작용으로, 그동안 가정이 얼마나 무너져 있었는지를 단적으로 보여주는 예라고 할 수 있다.

교회도 마찬가지다. 코로나19로 인해 대부분의 교회는 온라인으로 가정에서 예배를 드렸고, 자녀들의 신앙 교육 역시 상당 부분 가정에서 책임질 수밖에 없었다. 그럼 교회와 가정은 이런 준비가 되어 있었을까? 이는 각 교회나 가정의 상황에 따라 다를 것이다. 예배를 비롯해서 자녀들을 위한 별도의 프로그램이 온라인으로 진행된 교회도 있었고, 그렇지 못한 교회도 있었다. 가정예배로 주일예배를 대신 드린 교회도 있었다. 가정마다 부모가 영적으로 자녀들을 잘 돌본 경우도 있었고, 그렇지 못한 경우도 있었다.[1]

분명한 것은 코로나19로 인해 어떤 형식이든지 부모가 자녀들을 영적으로 돌봐야 했다는 점이다. 이를 통해 신앙 교육의 주체로서 가정이 얼마나 잘 준비되어 있었는지를 스스로 돌아볼 수 있었다.

이처럼 코로나19가 우리에게 가져온 긍정적인 영향 중 하나는 신앙 교육에 있어서 가정의 역할과 중요성을 확인하게 된 점이다. 그동안 교회는 주일학교 교육을 위해 애써왔다. 많은 선생님과 사역자, 전문가가 이를 위해 헌신했고, 많은 열매를 맛보았다.

다만 신앙 교육에 있어서 가정의 역할이 축소되지 않았는지 돌아봐야 할 것이다. 가정은 출생부터 죽음까지 담아내는 그릇이다. 가정은 가장 기본적인 교회이자 학교임을 분명히 하고, 가정을 신앙 교육의 산실로서 세워가야 할 것이다.

그럼 어떻게 해야 할까? 무엇보다도 신앙 교육에 있어 교회학교와 가정이 협력하는 모델과 프로그램을 지속적으로 개발해야 할 것이다. 정기적으로 부모 참여 예배를 드리거나 가정에서 부모와 함께 할 수 있는 과제를 통해 부모가 교회학교 교과과정에 참여하게 하는 것도 좋은 방법이다. 또한 성인 양육과 훈련 과정에서도 자녀 신앙 교육에 대한 사명감을 고취하고, 구체적으로 실천할 수 있도록 훈련해야 한다. 하나님이 신앙 교육의 일차적인 책임을 가정에 맡기셨음을 (창 18:19) 깨닫고, 자녀들에게 성경 이야기를 들려주고 자녀들과 함께 기도하고 축복하는 습관을 익히도록 훈련해야 한다.

특히 가정예배의 회복이 시급하며, 가정예배를 전형적인 예배 형식보다는 가족 간의 친밀감을 높이고 신앙에 대한 각자의 생각을 나누고 기도하는 장으로서 세워갈 필요가 있다. 정기적으로 온 가족이 함께 참여하는 양육 프로그램을 실시하는 것도 가정을 교육의 주체로 세워가는 좋은 방법이 될 수 있다.

코로나19와 개인 영성 훈련

코로나19가 한창일 때 방송가에서는 트로트 열풍이 불었다. 구시대의 음악 장르로 평가받던 트로트를 주제로 한 프로그램이 35%가 넘는 시청률과 770만여 건의 실시간 문자 투표 참여를 기록하는 등

전 국민적인 관심을 끌었다.

삼성SDI에서는 이러한 현상을 분석하며 어떻게 기업에 적용할 수 있는지에 대해 발표하기도 했다. 삼성SDI가 분석한 성공 원인 중 하나는 "관성에서 벗어난 변화의 추구"였다. 한계점이 뚜렷한 장르인 트로트를 다양한 분야(전형적인 트로트에서는 볼 수 없었던 격정적인 군무를 적용하는 등)와 출연진(그동안 보기 힘들었던 십 대 트로트 가수들의 등장)으로 변화를 추구하면서 인기를 끌 수 있었다는 분석이다.

"코로나19로 인한 한국 교회 영향도 조사 보고서"에 따르면, 코로나 기간에 주일예배를 온라인으로 드린 교회는 76.7%로, 4분의 3가량의 교회가 온라인으로 예배를 드렸다.[2] 그간 중대형교회를 중심으로 현장 예배를 생방송으로 송출하는 경우는 있었지만, 대다수의 교회가 온라인으로 예배를 드린 것은 한국 교회 역사상 처음이라고 할 수 있다.

특히 이런 변화는 교회가 주도한 것이 아니라 상황에 따른 부득이한 선택이었기에, 모두에게 낯설고 힘든 경험이었다. 뿐만 아니라 신앙의 근간을 이루는 예배 형식의 변화라는 측면에서 신앙생활 전반에 영향을 미칠 수밖에 없었다. 단순히 외적 형식뿐만 아니라 근본적인 인식의 변화를 경험하는 시기이기도 했다.

조사에 의하면, 주일성수에 대한 의견을 묻는 질문에 54.5%가 "온라인 예배, 또는 가정예배로도 대체할 수 있다"고 답해 예배에 대한 인식 변화가 있었음을 알 수 있다. 또한 온라인 예배를 드린 성도들의 경우, "주일에 꼭 교회에 가서 예배를 드리지 않아도 된다는 생각을 하게 됐다"는 응답이 22.5%나 되었다.

물론 온라인 예배에 대한 만족도는 높지 않은 것으로 조사되었다. "온라인 예배가 현장 예배보다 좋았다"는 응답(9.3%)과 "현장 예배와 비슷했다"는 응답(37.0%)이 "현장 예배보다 만족하지 못했다"는 응답(53.7%)보다 낮게 나왔다. 다만 젊은 층일수록 온라인 예배에 대한 만족도가 높았다. '포노 사피엔스'(스마트폰을 신체의 일부처럼 사용하는 인류)라는 신조어가 등장할 정도로 이미 젊은 세대들은 온라인 매체에 익숙하기 때문이다.

주일예배와 달리 긍정적인 반응을 보인 사역들도 많았다. 새벽예배를 온라인으로 진행한 교회들의 경우, 평소보다 많은 성도가 참석할 수 있었다고 한다. 어느 곳에서나 쉽게 접근할 수 있는 온라인의 장점과 점점 분주해지는 현대인의 삶의 정황이 낳은 결과라고 할 수 있다. 뿐만 아니라 정오기도회 등 새로운 프로그램을 신설해 온라인을 통해 모일 수 있는 기회를 평소보다 많이 제공한 교회들도 있었다.

일반적으로 교육의 3요소로 '교사', '학생', '교육 내용'을 꼽는다. 기독교 교육에 있어 교육의 주체는 성령님으로, 인간 교사의 역할은 은혜의 방편인 말씀과 기도를 통해 하나님께 더욱 가까이 나갈 수 있도록 성도를 돕는 것이라고 할 수 있다. 예수님이 포도나무와 가지의 비유를 통해 가르치신 것처럼, 결국 영적 변화와 성숙은 성령님이 주시는 은혜로만 가능하기 때문이다. 이런 점에서 온라인 매체는 보다 많은 성도로 하여금 하나님과 동행할 수 있는 기회를 제공한다는 점에서 긍정적이라고 볼 수 있다.

과거와 달리 교회와 집, 일터의 거리가 멀어지고 삶이 복잡하고 분주해지는 현대사회의 특성을 고려할 때 앞으로 이에 대한 필요성이 점점 커질 것이다. 코로나 기간에 성도들은 온라인 매체를 활용해서 스스로 영성 관리를 했고, 대부분의 교회 역시 온라인 매체를 활용할 수 있는 기반을 갖추었다. 따라서 코로나 이후 적극적으로 기존의 사역에 어떻게 온라인적 요소들을 접목해 성도들을 양육하고 훈련할지에 대한 고민이 필요할 것이다. 특히 새벽기도회나 큐티 등과 같이 개인적인 영성 훈련에 온라인 매체를 활용하면 유익할 것으로 여겨진다. 다만 기존의 사역을 대체하기보다는 보완하는 형식으로 진행하는 것이 바람직할 것이다.

이때 주의할 점이 있다. 온라인 예배 참석에 대한 태도를 묻는 질문에 "평소 현장 예배처럼 찬양하고 기도하면서 드렸다"는 응답이 68.2%인 반면, "가만히 시청하면서 드렸다"는 응답이 31.1%로 비교적 높게 나왔다. 다르게 말하면 3분의 1가량이 참여자가 아니라 시청자로서 예배를 드린 것이다. 매체의 변화가 예배에 대한 태도와 자세에까지 영향을 미쳤음을 알 수 있다.

통상적으로 오프라인과 동일한 내용을 온라인으로 송출하는 경우가 많은데, 온라인 매체가 가진 특성을 고려할 필요가 있다. 온라인 예배 시 어떻게 하면 성도들이 예배 가운데 참여할 수 있을지에 대한 고민이 없다면, 자칫하면 많은 사람이 구경꾼으로 전락할 위험이 있기 때문이다. 심방도 마찬가지다. 온라인 심방은 시간적, 공간적 제약을 받지 않아 편리한 면이 있지만, 동시에 전통적인 예배 중심의 심방에서 상담 중심의 심방으로 변화를 요구하게 된다. 매체의 변화는 청중의 태도와 자세, 내용 자체에 영향을 미칠 수 있음을 인지하고 접목해야 한다.

예수님은 빌립보 가이사랴에 이르러 제자들에게 사람들이 자신을 누구라고 말하는지를 물으셨다(마 16:13-20). 제자들은 "더러는 세례 요한, 더러는 엘리야, 어떤 이는 예레미야나 선지자 중의 하나라 하나이다"라고 답했다. 그러자 예수님은 제자들에게 "너희는 나를 누구라 하느냐"고 물으셨다. 다른 누군가가 아닌 자기 자신의 생각이 무엇인지를 물으신 것이다. 이런 점에서 신앙에 있어 개인적인 응답은 필수적이다.

코로나19로 인해 대부분의 성도들은 가정에 머물러야 했고, 이 기간 예배를 비롯해서 자신의 영성을 스스로 지키도록 요구받았다. 예배를 드렸는지 누구도 알 수 없고, 예배의 태도와 자세에도 어떤 외적 제약이 없었다. 그 결과는 어떠했을까? 조사에 의하면, 코로나19로 인해 교회에 나가지 못하자 예배 자체를 드리지 않은 비율이 13%나 되었다. 이러한 수치는 코로나19 사태가 장기화될수록 늘어날 가능성이 크다.

코로나19가 가져온 유익 중 하나는 군중 속에 숨어 있던 개인을 하나님 앞에 홀로 세웠다는 점이 아닐까 한다. 예수님과 사마리아 여인의 대화에서 볼 수 있듯이(요 4:20-26), 어디에서나 예배할 수 있는 자유가 주어졌지만 여전히 영과 진리로 경건하게 하나님께 예배할 수 있는지를 스스로 확인할 수 있었다.

형식이 사라지자 볼품없는 신앙의 민낯이 드러나기도 했고, 내면의 성숙과 성장이 얼마나 중요한지를 새삼 느끼는 계기가 되기도 했다. 형식적인 신앙생활의 위험성을 실감하고, 현대교회가 명목상의 그리스도인을 양성하고 있지는 않은지 반성하는 시기였다. 따라서 형식적인 신앙인이 아니라 내면의 성장과 성숙을 이루어가는 신앙인으로 세우기 위한 양육과 훈련에 집중해야 할 것이다.

또한 교회는 '모이는 교회'이자 동시에 '흩어지는 교회'여야 한다. 우리는 그리스도 안에서 세상으로부터 부르심을 받은 하나님의 백성(고전 1:1-2; 엡 2:19)이자 동시에 세상으로 보내심을 받은 그리스도의 제자이기 때문이다. 우리에게는 세상으로부터 부르심을 받은 특권만이 아니라 세상으로 보내심을 받은 소명이 함께 주어졌다. 코로나19는 우리로 하여금 모이지 못하게 함으로 흩어진 교회로서 살아가도록 도전해왔다. 교회가 아니라 가정과 일터에서 예배해야 했고, 자신의 신앙을 증거해야 했다. 우리의 가족과 이웃은 우리가 예배하는 모습을 지켜보았고, 고난의 시기에 어떻게 반응하는지에 주의를 기울였다.

사도행전 8장을 보면, 스데반의 순교 이후 교회에 큰 핍박이 일어났다. 그 결과는 어떠했을까?

"교회에 큰 박해가 있어 사도 외에는 다 유대와 사마리아 모든 땅으로 흩어지니라"(행 8:1).

박해로 인해 교회가 "온 유대와 사마리아와 땅 끝까지 이르러 복음의 증인이 되라"는 주님의 명령(행 1:8)에 순종하게 되었다고 평가한다. 코로나19 역시 마찬가지다. 분명 코로나19는 우리 모두에게 많은 아픔과 어려움을 가져왔다. 하지만 동시에 흩어진 교회로서 세상 속에서 어떻게 살아야 하는지를 배우게 된 값진 시간이었다.

사도행전 9장을 보면, 베드로가 사마리아에 흩어진 성도들을 순회하며 영적으로 돌보는 장면이 나온다. 흩어진 교회로서 가정과 세상에서 살아갈 수 있도록 돌볼 책임이 교회와 목회자들에게 주어진 것이다. 코로나 이후 우리는 다시 모여야 하지만, 동시에 흩어진 교회로서의 소명을 감당할 수 있도록 성도를 세워가야 한다. 양육과 훈련의 초점이 교회 내 신앙생활과 요소에만 국한되지 않고, 가정과 일터에서 하나님과 동행하고 하나님을 예배하고 증거하는 일에까지 확장되어야 할 것이다.

코로나19와 공동체적 영성

역사적 기록에 의하면, 주후 2-3세기에 가공할 만한 역병이 로마 제국을 강타했다고 한다. 이로 인해 로마 인구의 많게는 3분의 1 정도가 죽어갔고, 승승장구하던 로마제국의 야심 역시 꺾이고 말았다. 워싱턴대학교의 사회학 및 비교종교학 교수인 로드니 스타크(Rodney Stark)의 분석에 의하면, 이 시기에 기독교가 오히려 제국의 지배적인 신앙으로 자리 잡게 되었다고 한다. 왜일까?

역병이 유행하자 대부분의 사람들이 두려움에 빠졌고, 문을 걸어잠 그고 집 안에 숨었다. 병든 자들은 적절한 돌봄을 받지 못했고, 시체들이 곳곳에 버려졌다. 하지만 그리스도인들은 병든 자들을 돌보았고, 죽은 자들의 장례를(자신과 무관한 사람들조차) 치러주었다. 그 결과 병든 자들이 회복되었고 시체들을 장례함으로 전염병의 전파를 막게 되었다. 이런 모습은 많은 사람에게 '기적'으로 비쳤고, 기독교를 받아들이게 한 중요한 계기가 되었다.

디오니시우스(Dionysios) 주교는 알렉산드리아 교인들에게 이렇게 편지했다.

"우리 기독교인 형제들은 대부분 무한한 사랑과 충성심을 보여주었으며 한시도 몸을 사리지 않고 상대방을 배려하는 데 온 힘을 쏟았다. 그들은 위험을 무릅쓰고 아픈 자를 도맡아 그리스도 안에서 모든 필요를 공급하고 섬겼다. 그리고 병자들과 함께 평안과 기쁨 속에 생을 마감했다. 그들은 환자로부터 병이 옮자 그 아픔을 자신에게로 끌어와 기꺼이 고통을 감내했다. 많은 이들은 다른 이를 간호하고 치유하다가 사망을 자신에게로 옮겨와 대신 죽음을 맞이했다."[3]

코로나19로 인해 제기된 문제 중 하나는 공동체성이었다. 특히 예배와 관련해서 왜 우리는 모여서 예배해야 하는지에 대한 근본적인 의문을 제기했다. "혼자서는 할 수 없는 것이 두 가지 있다. 하나는 결혼이며, 또 다른 하나는 그리스도인이 되는 것이다"라는 폴 트루니에(Paul Tournier)의 말처럼, 공동체성은 예배를 넘어 신앙의 본질적 특징이라고 할 수 있다.

하나님은 우리를 공동체 가운데 부르셨고(영원한 목적, 롬 8:29), 공동체로 세워가시며(현재적 목적, 요 17:11), 종국에는 새로운 공동체를 완성하실(종말론적 목적, 마 12:50) 것이다.

모든 피조물에는 하나님의 속성이 반영될 수밖에 없듯이, 하나님의 백성의 모임인 교회는 삼위 하나님이 하나이신 것처럼 하나 되도록 지으심을 받았다. 이런 점에서 콜린 건톤(Colin E. Gunton)의 말처럼 "교회란 하나님이라는 영원한 공동체의 현세적인 반향"이라고 할 수 있다.

안타까운 현실은 세상의 나라와 문화는 공동체를 점점 해체하고 파괴하고 있으며, 현대교회 역시 이런 조류에 영향을 받고 있다는 점이다. 특히 교회의 규모가 점점 커지면서 이런 경향은 심해지고 있으며, 성도 간의 관계는 점점 피상적으로 변질되어가고 있다.

그런데 코로나19는 우리로 하여금 모이지 못하게 함으로 오히려 공동체의 가치에 대해 다시 한 번 돌아보는 계기를 제공해주었다. 신앙생활을 하면서 다른 성도들과 진실된 관계를 맺지 않는다면 교회라는 이름으로 모여 예배할 이유가 있는지를 묻고 도전해온 것이다. 따라서 코로나 이후 교회에 주어진 중요한 과제 중 하나는 교회의 공동체성을 회복하는 것이다.

그렇다면 어떻게 교회의 공동체성을 회복할 수 있을까? 공동체성의 회복은 크게 두 가지 차원에서, 즉 내적인 면과 외적인 면으로 나누어 접근할 수 있다. 내적인 면은 교회 내 성도 간에 진실된 사랑의 관계를 형성하도록 양육하고 훈련하는 것이며, 외적인 면은 사회라는 공동체의 일원으로서 교회의 책임과 역할이 무엇인지를 깨닫고 섬김을 실천하는 것이라고 할 수 있다.

우선 내적 공동체성의 회복의 핵심은 소그룹일 것이다. 예배와 같은 대그룹과 이벤트성 몇 가지 행사로는 인격적이고 친밀한 관계를 지속적으로 형성하는 데 한계가 있다. 서로 얼굴을 맞대고 고민을 나누고, 서로를 위해 기도하고, 서로를 말씀으로 세워갈 수 있는 소그룹을 통해 관계가 주는 영적 유익을 더욱 풍성히 누릴 수 있으며 공동체성이 깊어질 수 있다.

특히 코로나19로 인해 대부분의 성도들이 가정에서 예배드려야 했다. 평소라면 주일날 교회에 나와 예배드리고 성도와 교제를 나누며 한 공동체임을 누릴 수 있었지만, 코로나 기간에는 불가능했다. 그나마 소그룹에 참여한 성도의 경우는 소그룹 리더를 통해 영적인 돌봄이 가능했지만, 소그룹에 참여하지 않는 성도들은 영적인 돌봄과 교제, 공동체성을 누리는 데 한계를 가질 수밖에 없었다.

이런 점에서 소그룹은 신앙의 선택이 아닌 필수적인 요소라고 할 수 있다. 이는 예수님과 초대교회가 보여준 모범이기도 하다. 고(故) 옥한흠 목사님은 『평신도를 깨운다』에서 이렇게 말한다.

"예수님은 소그룹을 애용하셨다. 왜 그가 소그룹 형식을 선택하셨는지 직접 설명하지는 않는다. 그리고 교회가 반드시 소그룹으로 조직되어야 한다고 무슨 명령을 하신 일도 없다. 하지만 그는 제자들과 보낸 3년 동안의 경험과 결과를 가지고 소그룹의 성격과 기능을 웅변적으로 증명하고 계신다. 초대교회 역시 예수님의 전례를 따라 수많은 작은 모임들로 구성된 독특한 성격의 공동체를 이루어가고 있었다."[4]

뿐만 아니라 이는 현대교회에서도 여전히 유효한 사명이다. 교회 컨설턴트인 칼 조지(Karl F. George)는 건강한 교회의 핵심 요소로 축제로서의 예배와 소그룹을, 『자연적 교회 성장』의 저자인 크리스티안 슈바르츠(Christian A. Schwarz) 역시 건강하게 성장하는 교회의 특징으로 소그룹과 사랑의 관계를 꼽았다. 따라서 소그룹 사역을 중심으로 교회의 공동체성을 회복하는 것은 우리에게 주어진 중요한 과제라고 할 수 있다.

그런데 소그룹이 그 역할과 기능을 제대로 감당하기 위해 꼭 필요한 일이 있다. 그것은 바로 소그룹의 지도자를 세우는 것이다. 왜냐하면 건강한 소그룹은 단지 소그룹으로 모인다고 이루어지는 것이 아니기 때문이다.

소그룹의 지도자가 누구냐에 따라 소그룹의 모습이 달라지는 경우를 자주 목격하게 된다. 똑같은 교재, 똑같은 형식으로 모임에도 불구하고 지도자의 성향에 따라 단순한 친목 모임으로 끝나기도 하고 깊은 영적 교제를 나누는 모임이 되기도 한다. 어떤 경우에는 세상의 모임보다 못한 경우도 있다.

따라서 소그룹 사역의 핵심은 리더 양성이라고 할 수 있으며, 이는 이 땅에 오신 예수님이 몸소 보여주신 중요한 교훈이기도 하다. 로버트 콜먼(Robert Colman)은 이렇게 말한다.

"그 모든 것은 예수님이 자신을 따르라고 몇몇 사람을 부르심으로 시작되었다. 주님의 관심은 군중을 이끌 프로그램에 있지 않았고, 그 군중을 이끌 사람에게 있었다. 놀랍게 보일지 모르지만, 예수님은 전도운동을 조직하거나 심지어 공적으로 설교를 하기도 전에 이러한 사람들을 모으기 시작하셨다. 사람들을 통해 예수님은 세상을 하나님께로 인도하기를 원하셨다."

콜먼은 계속해서 이렇게 말한다.

"왜? 왜 예수님은 의도적으로 그의 생애를 비교적 그렇게 적은 사람들에게 집중하셨는가? 그는 세상을 구원하러 오지 않으셨던가? 원하기만 한다면 주님은 쉽게 수많은 추종자를 얻으실 수 있었다. 하지만 그의 유일한 소망은 자신을 대신하여 자신의 일을 완수할 사람들을 세우는 것이었다. 그들이 자신의 생활로 젖어들게 하는 것이었다. 그렇기 때문에 그는 이 사람들에게 자신을 쏟으셨다."[5]

그 결과는 어떻게 되었을까? 유진 피터슨(Eugene H. Peterson)은 이렇게 말한다.

"예수께서는 그의 시간 90퍼센트를 12명의 유대인들에게 투자하여 모든 사람에게 다가갈 수 있었다."

필자가 섬기는 교회의 경우 코로나 기간에 소그룹을 온라인으로 실시했다. 온라인 소그룹을 통해 서로의 기도 제목을 나누고 말씀을 통해 받은 은혜를 나누며 영적으로 하나 됨을 느낄 수 있었다. 물론 소그룹마다 모습은 조금씩 달랐다. 해외 장기 출장을 간 분까지 함께 시간을 맞춰 온라인으로 모인 소그룹이 있었던 반면, 온라인이 익숙하지 않은 소그룹에서는 온라인 모임과 오프라인 모임을 병행하기도 했다. 소그룹으로 묶여 있기에 각자의 상황과 형편에 맞는 영적인 돌봄이 가능했던 것이다.

코로나19는 내적 공동체성과 더불어 외적 공동체성의 중요성에 대해서도 돌아보게 했다. 신천지의 집단 감염에서 시작해 교회에 대한 이야기가 연일 언론에 보도되었다. 이를 통해 사회가 교회를 어떤 시각으로 바라보는지를 실감할 수 있었고, 세상 속에서 교회는 어떤 모습이어야 하는지를 고민하는 시간이 되었다.

안타깝게도 코로나 기간 교회는 수많은 비난에 직면했다. 예배 중단을 결정하면 믿음이 부족하다고 비난받아야 했고, 계속 모이기로 결정하면 "사회적으로 무책임하다"는 조롱을 받아야 했다. 어쩌면 이런 비난은 당연한 것일지 모른다. 왜냐하면 우리가 섬기는 교회는 지상에 남아 있는 교회이며, 여전히 악한 세상 속에 존재하기 때문이다. 예수님 역시 장밋빛 환상이 아닌, 세상이 우리를 미워할 것이라는 냉엄한 현실을 알려주셨다(요 15:18). 비록 아픈 시기였지만, 세상 속에서 교회와 성도의 역할이 무엇인지를 돌아보는 계기가 되었다.

앞으로 교회는 세상 속에서 교회와 성도의 역할을 고민하고 실천할 줄 아는 그리스도인으로 양육하고 훈련하는 일에 집중해야 할 것이다. 만약 그렇지 않으면 세상의 비난과 핍박 속에서 더 많은 영혼이 길을 잃어버릴 것이기 때문이다.

사실 그동안 교회는 사회를 섬기는 일을 게을리하지 않았다. 실제로 사회봉사의 많은 영역이 교회와 그리스도인들에 의해 이루어지고 있다. 코로나19 최초 감염이 확인된 중국 우한시의 경우, 대부분의 외국인들이 본국으로 돌아갔지만 많은 선교사가 그곳에 남아 성도와 시민들을 돌보고 섬겼다. 우한의 어느 익명의 목사는 전 세계 그리스도인들에게 기도를 요청하는 공개서한에서 이렇게 말했다.

"그리스도의 평화가 우리에게 재난과 죽음을 없애는 것이 아니라 우리가 재난과 죽음의 한가운데서도 평화를 누릴 수 있다고 약속합니다. 그리스도께서 이미 그런 것들을 극복하셨기 때문입니다."[6]

그들은 고난 중에도 주님이 주시는 평화를 누리며 전하고 섬기기 위해서 노력했다. 다만 믿음과 삶이 분리된 이원론적 신앙이 우리 안에 많이 자리 잡고 있음을 인정해야 할 것이다. 믿음을 어떻게 삶과 사회적 실천으로 나타내야 할지 고민하고 행하도록 성도들을 양육하고 훈련해야 할 것이다.

필자가 섬기는 교회의 경우, 지역사회를 위한 영어도서관을 운영하고 있다. 처음 교회를 개척하고 6개월이 되지 않아 설립해, 6년째 운영하고 있는 중이다. 당시에는 학교 강당을 빌려 예배를 드렸고, 제대로 된 주중 모임 공간도 없었다. 그럼에도 불구하고 영어도서관을 만들고 사역을 시작한 이유는 하나님이 교회를 세우신 목적이 세상을 섬기고 복음을 전하게 하시려는 데 있음을 성도들과 나누고 싶었기 때문이다.

지금은 월평균 500명가량의 학생들과 학부모들이 이용하고 있으며, 영어도서관을 통해 지역사회에 선한 영향력을 미칠 수 있어 감사한 마음이 크다. 무엇보다도 이를 통해 교회의 존재 이유가 선교에 있음을 전 성도들이 공유하고 사역의 현장을 교회 내부만이 아니라 외부로 확장해나갈 수 있었다.

교회 내에서 양육받고 훈련받으면 교회 내 사역만 섬기는 경향이 있는데, 교회 밖 세상을 섬기고 헌신할 수 있는 다양한 장을 만드는 것은 매우 중요하다. 왜냐하면 이를 통해 세상 속에서 그리스도인의 역할이 무엇인지를 고민하고 실천하도록 양육과 훈련 과정에서 비전을 줄 수 있기 때문이다.

코로나19가 가져온 또 다른 유익 중 하나는 교회를 하나의 공동체로 결속시켜준 것이라고 할 수 있다. 분당우리교회를 비롯해 여러 교회들이 코로나 기간에 힘든 개척교회를 위해 월세를 대납해주는 일에 앞장섰다. 그리스도 안에서 우리가 한 공동체임을 깨닫고 한 몸처럼 서로를 돕고자 한 것이다. 특히 많은 성도가 이에 공감해 헌금하고 수고해주었다.

필자가 섬기는 교회는 코로나19로 인해 피해를 입은 대구에 있는 지역교회와 협력해 대구 지역사회를 섬겼다. 지역사회의 필요를 가장 잘 파악하고 섬길 수 있는 곳이 지역교회이고 지역 곳곳까지 뿌리내리고 있기에, 대구 지역교회에 물적 자원을 지원하고 지역사회를 섬기도록 도왔다.

이를 통해 지역에 있는 소외된 계층을 돕고 실질적 필요를 파악하고 섬길 수 있었다. 무엇보다도 그리스도의 이름으로 지역사회를 섬길 뿐만 아니라 지역사회에 영향력을 미칠 수 있는 지역교회로 세워져가는 열매를 맛볼 수 있었다. 나아가 우리 사회 곳곳에 흩어져 있는 지역교회가 한 공동체로서 세상을 섬기고 변화시키는 꿈을 품을 수 있는 시간이었다.

코로나19 바이러스로 인해 사회적 거리 두기가 오랫동안 진행되었다. 사회적 거리 두기란 감염병 확산을 막기 위해 사람 간 접촉을 줄인다는 뜻이다. 그런데 세계보건기구에서는 '사회적 거리 두기'보다는 '물리적 거리 두기'라는 용어가 더 적합하다고 권했다. 마리아 반 케르크호베(Maria Van Kerkhove) 신종질병 팀장은 "바이러스 전파 예방을 위해 사람들과 물리적 거리를 두는 것은 필수적"이고, "하지만 그것이 사람과 가족과의 사회적 단절을 의미하지 않는다"고 밝히며 용어 변화의 배경을 설명했다. 의미 있는 말이었다.

비록 코로나19로 인해 물리적으로는 흩어져 있지만, 공동체의 소중함을 깨닫고 더욱 가까워지는 시기가 되기를 소망해본다.

양승언 목사

사랑의교회 국제제자훈련원에서 13년간 사역을 하면서 고(故) 옥한흠 목사의 제자훈련 목회철학을 전수받았고, 제자훈련 목회와 훈련, 양육에 대한 이론들을 연구했다. 현재는 다음교회를 개척해 '한 영혼' 철학을 계승하며 현장에서 실천하고 있다. 한 영혼을 제자 삼는 일을 사명으로 생각하고 있으며, 탁월한 식견과 시대를 바라보는 통찰력을 바탕으로 시대에 걸맞은 제자훈련 목회를 위해 노력하고 있다. 저서로는 성도 양육을 위한 교재인 『영적 성장의 길』(디모데)과 일상의 언어로 복음을 증거하는 기독교 변증서인 『믿으라고? 뭘?』(넥서스cross)이 있다.

● 함께 나누는 이야기

1. 신앙 교육과 훈련에서 가정의 역할은 무엇이라고 생각하십니까? 신앙 교육과 훈련의 장으로서 가정을 세우기 위해 필요한 노력을 구체적으로 나누어봅시다.

2. 우리는 어디서나 예배할 수 있는 자유가 있지만, 또한 영과 진리로 경건하게 예배드려야 할 책임이 주어져 있습니다. 코로나 기간에 어떤 마음으로 예배를 드리셨습니까? 모이지 못하는 상황에서 영적으로 성장하기 위한 개인의 실천 방법을 나누어봅시다.

3. 교회는 '모이는 교회'이자 동시에 '흩어지는 교회'여야 합니다. 가정과 일터에서 우리에게 주어진 사명은 무엇이며, 흩어진 교회로서 살아가기 위해 어떤 노력이 필요하다고 생각하십니까?

The Restoring Church

4. 우리는 성도들과 얼마나 인격적이고 친밀한 관계를 형성하고 있습니까? 이런 관계들을 통해 얻은 영적 유익을 나누어보십시오. 또한 소그룹 안에서 성도들 간의 교제가 깊어지기 위해서는 어떤 노력이 필요할까요?

5. 저자는 교회는 성도들끼리 서로 도와야 하며, 또 세상 속에서 섬겨야 한다고 말합니다. 세상 속에서 교회의 역할은 무엇이라고 생각하십니까? 교회와 세상을 섬기기 위한 구체적인 방안들을 나누어봅시다.

The Restoring Church

3부

세상과의 관계

5.
세계관의 회복

뉴노멀 시대(New Normal Age)의 기독교 세계관
포스트 코로나 – 교회는 어떤 세계관을 가지고 살아야 하는가?

_이춘성

> "새로운 과학은 자연을 정복하되 자연에 의해 정복당하지 않을 것이며 지식을 얻기 위해 생명을 대가로 치르는 일은 하지 않을 것입니다."
> – C. S. 루이스(C. S. Lewis)[1]

2020년 초 대한민국을 강타한 코로나19의 습격은 일상의 풍경을 전혀 다른 모습으로 바꾸어놓았다. 먼저 중국과 한국을 강타한 코로나19는 얼마 지나지 않아 전 세계로 퍼졌고, 이러한 범유행(팬데믹, pandemic) 상황은 각국의 의료 체계 붕괴로 이어졌다. 이탈리아와 스페인, 영국과 미국 등에서는 매일 늘어나는 수천 명의 사망자로 인해 전 국민의 이동을 금지하는 락다운(lockdown)을 선언하기에 이르렀다.

이를 바라보며, 유명 신학자들과 철학자들은 이러한 상황을 예견이나 한 듯 각자의 말을 쏟아놓았다. 한 신학자는 이 고통에 대해서 그 이유를 묻는 것은 의미 없는 일이며, 오히려 아파하는 자들과 함께 울어주고 함께 고통을 나누는 것이 십자가의 예수 정신이라고 했다.

또 다른 신학자는 하나님이 주신 자연을 파괴하고 창조의 원리에 역행한 이 세대를 향한 하나님의 심판이라고 소리 높였다. 또한 철학자들은 자유시장경제와 세계화가 가져온 기후 변화와 인간의 탐욕이 부른 인재라고 진단했다. 여러 미래학자나 경제학자, 의학자들은 이러한 비극이 이미 예견되었는데도 공공의료를 확충하지 않은 정부의 미온적인 공공복지정책에 문제를 돌리기도 했다.

스스로 생존할 수 없어서 생물체로도 인정받지 못해 다른 생물체에 기생해 존재하는 RNA 바이러스인 코로나19가 최첨단의 과학 문명을 살아가는 21세기의 시민들을 공황(panic)에 빠뜨린 것이다.

뉴노멀 시대(New Normal Age)

코로나19의 원인을 찾아 치료제와 백신을 개발하는 것은 시간이 지나면 자연스럽게 해결될 것이다. 하지만 다수의 전문가는 코로나19 사태가 일명 뉴노멀(New Normal)의 시대로 우리를 이끌 것이라고 입을 모으고 있다.

2017년 『뉴노멀』이란 책을 쓴 이일영과 정준영은 "뉴노멀은 이전에는 비정상적인 것으로 여겨지던 것이 이제 상식적이고 일반적으로 변했다는 상황의 변화를 지칭하는 말"이라고 정의한다. 달리 말해, 과거에는 비정상으로 여겨지던 상황들이 어떤 계기로 말미암아 정상으로 자리 잡아, 사태가 끝난 후에도 일부는 일상의 영역에 영구히 뿌리내려 정상으로 전환되는 상황을 의미한다.

사실 '뉴노멀'이란 용어는 코로나19 사태로 인해 만들어진 신조어가 아니다. 이 용어는 이전부터 언론과 비즈니스 세계에서 주로 사용하고 있었다. 2009년 미국 ABC 뉴스는 "대공황 이후 최악의 금융위기와 뒤이은 불황이 미국인의 생활 방식에 크고 작은 변화를 가져왔다. 이것이 '뉴노멀'의 세계다"라고 보도한 바 있다. 또한 IT업계에서는 뉴노멀을 "디지털 혁명의 두 번째 여정"(Peter Hinssen, 2010), 혹은 "4차 산업혁명"으로 인식하고 있다.[2]

하지만 뉴노멀의 확산은 2013년 이후에 래리 서머스(Larry Summers)가 경제의 '장기 침체'를 '뉴노멀'이라 부르면서 2008년 세계 금융위기 이후 선진국의 장기 침체 상태를 지칭하는 용어로 자리 잡았다. 이러한 이유로 이일영과 정준영은 "뉴노멀이라는 말을 쓰게 되면, 이제는 전과 같은 방식으로 살아갈 수는 없다는 인식이 뚜렷해진다"라고 주장한다. 세계가 지금 코로나19 사태의 충격 속에서 입을 모아 '뉴노멀'이라는 용어를 쓰는 이유는 단지 이 사태로 인한 고통이 심각하다는 현실 인식 이상의 의미를 지니고 있다는 것이다.

마치 히로시마와 나가사키에 핵폭탄이 떨어진 이후 전쟁의 양상이 이전과 완전히 달라진 것과 같이 코로나19는 우리의 일상의 풍경을 완전히 다른 세계로 바꾸어버릴지도 모른다. 다행히 그 정도의 충격과 여파가 미치지는 않을지라도 일상의 변화는 불가피해 보인다.

코로나19가 만든 뉴노멀

앞서 언급했듯이, 뉴노멀이란 주로 언론이나 경제 분야에서 사용하는 용어다. 그러나 현재 우리가 경험하는 뉴노멀이란 단시간에 전 세계로 퍼진 코로나19 바이러스의 범유행 현상으로 인한 비정상의 정상인 상태를 가리킨다. 그러므로 코로나19 바이러스를 통해 변화된 상황과 이후에 일어날 여파에 대해서 살펴보아야만 우리가 마주할 뉴노멀의 정체를 파악할 수 있을 것이다.

코로나19 바이러스는 그 자체가 비정상이다. 코로나19 바이러스는 코로나 바이러스의 변종이기 때문이다. 미국 뉴멕시코주 로스알라모스국립연구소의 스티븐 산체(Steven Sanche) 연구 팀에 의하면, 코로나19 바이러스는 일반 독감 바이러스보다 높은 전염력을 가지고 있어 감염자 1명당 평균 5.7명을 감염시키는 전염력을 가지고 있다. 이러한 전염력이 의미하는 바는 종전에 6-7일 만에 감염자 수가 2배 늘어난다는 주장에서 무려 2.2-3.3일로 단축되었다는 뜻이다. 또한 전체 인구의 최소 82%의 사람들이 면역력을 가져야 집단 확산을 막을 수 있다는 것이다.[3]

상대적으로 치명률이 2-3%대로 높지 않지만, 병증이 급속도로 진행되기 때문에 병이 상당히 진행된 상태에서는 치료가 힘들다고 한다. 가장 심각한 문제는 아직 이 병에 대해서 연구 중이기 때문에 충분히 알지 못한다는 것이다. 백신도, 치료제도 없는 상황에서 병에 대해서도 충분히 알지 못한다는 것은 모든 것을 조절하고 통제 가능하다고 생각하는 현대인들에게 더 큰 두려움으로 다가오고 있다.

그렇다면 이 전염병의 원인은 무엇일까?

코로나19가 한창 유행하던 4월 초에 나온 책 『팬데믹』의 저자인 홍윤철(서울대학교 예방의학과)은 전염병의 원인은 인간들이 들짐승들의 서식지를 침범하면서 이들과 직접적인 접촉을 했기 때문이라고 설명한다. 바이러스는 각각의 동물에 기생하는 방식으로 항상 존재하고 있다. 각각의 동물 속에 있는 바이러스는 안정한 상태이지만, 바이러스가 다른 동물이나 인간 안으로 들어가면 변종을 일으키면서 치명적인 병증을 일으킨다는 것이다.

그러나 인간과 들짐승들과의 접촉은 피할 수 없는 숙명과 같다. 이는 인류가 수렵채집을 하던 시기부터 있었던 인간의 생존 방식과 연관되기 때문이다. 홍윤철은 인간이 바이러스로 인한 전염병을 피하는 방법은 들짐승들과의 접촉을 피하는 길뿐인데, 이는 사실상 불가능하다고 말한다. 우리가 지금 겪고 있는 코로나19도 동물 접촉을 통해서 감염된 것이 문제의 시작이지만, 이러한 전 세계적인 패닉의 핵심 원인은 인간이 인간에게 바이러스를 전염시키고 이 상황이 전 지구적인 현상으로 번지는 팬데믹(범유행)에 있다는 것이다.[4]

또한 홍윤철은 "병원균만으로 전염병의 유행이 발생하는 것은 아니다. 인간이 병원균 전파에 안성맞춤인 환경을 만들었기 때문에 전염병의 유행이 생기는 것이다"라고 설명한다.[5] 코로나19 바이러스로 인한 전염병은 일종의 인재라는 것이다.

이러한 이유로 코로나19는 이전에 우리가 정상이라고 믿고 있었던 것들에 대해서도 그것이 정말 인간을 위해 옳은 것이었는지를 반문하게 했다. 현대를 특징짓는 세계화, 도시화, 극단적인 개인주의, 경제적 격차, 의료의 차등에 대해서 의문을 제기했고, 이에 대항해 공동체와 국가의 역할과 권위를 다시 강화해야 한다는 목소리가 높아지고 있다. 또한 기본소득, 공공의료의 확장 등과 같은 재난의 일상화를 대비한 논의가 다시 주목받고 있다.

이러한 의미에서 철학자 슬라보예 지젝(Slavoj Zizek)은 코로나19를 절망이 아닌 긍정적인 기회로 보자고 제안한다. 이전의 해결하지 못한 사회의 구조적인 문제들에 대해서 근본적인 질문을 던지고 이를 수정할 수 있는 기회라는 것이다.

하지만 이러한 위기와 새로운 논의 속에서도 그 중요성을 잃지 않고 전과 동일하게, 어떤 면에서는 전보다 더 강력한 신뢰와 발전을 약속받는 분야가 있다. 그것은 '과학'이다.

뉴노멀 시대의 과학주의 세계관

연세대학교 사회학자 김호기는 2020년 4월 21일 한국일보 지면을 통해서 코로나 이후 뉴노멀 시대의 특징에 대해서 다음과 같이 예견했다.

"사회는 '제3의 자리'로 이동할 것이다. 코로나19 팬데믹은 비대면 서비스와 커뮤니케이션을 강화하는 '비대면 사회'를 열고 있다. 이번에 경험한 비대면 사회의 장점은 코로나19 사태가 끝난 다음에도 계속 활용될 가능성이 높다. 이러한 흐름이 함의하는 바는, 코로나 광풍이 그치면 우리가 돌아갈 자리가 옛날의 자리가 아닌 제3의 자리일 것이라는 점이다. 그 제3의 자리는 현실세계와 가상세계의 연결이 강화되는, 온라인과 오프라인이 더욱 중첩되는 공간으로 특징지어질 것이다."[6]

20세기 말과 21세기에 인류에게 가장 큰 영향을 준 과학 기술은 인터넷 기반의 모바일(mobile) 기술이라는 사실을 부인할 수 없다. 스마트폰은 아프리카의 가난도, 철의 장막인 북한도 모바일 기술의 진보와 보급을 거부할 수 없게 했다.

이번 코로나19 사태는 이러한 과학 기술의 필요성을 가장 화려하고도 효과적으로 증명하는 계기가 되었다. 김호기의 말처럼, 오프라인의 만남을 우월한 것으로 여기던 20세기를 추억하는 인간들에게도 코로나19는 온라인의 위력과 그 필요성을 증명했다. 위기의 시기에 교육, 의료, 경제와 같은 사회 기반 분야를 유지할 수 있었던 것은 과학 기술의 진보 덕분이었다.

필자는 김호기의 주장에 동의하면서, 우리가 돌아갈 제3의 자리는 단지 '온라인과 오프라인이 더욱 중첩되는 공간' 이상의 의미를 지니고 있다고 생각한다. 우리가 돌아갈 제3의 자리는 과거보다 더욱 과학에 믿음을 주고, 더 나아가 신앙의 대상처럼 여기는 과학주의가 강화된 자리가 될 것이다.

이러한 흐름은 전혀 새로운 것은 아니다. 인류의 역사를 새롭게 조명한 『사피엔스』의 저자로 유명한 역사학자 유발 하라리(Yuval Noah Harari)는 「파이낸셜 타임스」에 이번 코로나19 범유행 이후에 일어날 일에 대한 짧은 글을 기고했다. 그는 여러 나라, 특히 중국과 한국에서 코로나19 감염자를 분별하고 이들의 위치와 이동을 추적하는 방법으로 최첨단 IT기술이 사용되었다는 사실을 주목했다. 이것의 의미로, 과학 기술의 진보로 이제는 과거 KGB(구소련의 정보기관)와 같은 정보기관들이 하지 못했던 전 국민 감시가 가능해졌다는 것이다. 이는 우리 사회가 밀착 감시가 가능한 전체주의 사회로 퇴보할 가능성이 있다는 의미다.

하지만 하라리는 이러한 밀착 감시가 가능한 기술을 감시하는 성숙한 의식을 지닌 시민들이 있다면 과학 기술은 코로나19를 효과적으로 조절할 수 있다는 낙관적인 의견을 한국의 예를 들어 주장했다. 하라리는 이것이 가능하게 하려면 다음과 같은 선결 조건이 있다고 말한다.

"앞으로 우리 각자는 근거 없는 음모론과 자기 잇속만 차리려는 정치인이 아니라 과학적 자료와 의료 전문가를 신뢰하는 쪽을 택해야 한다. 만약 우리가 올바른 선택을 하지 못한다면 우리는 건강을 지킬 수 있는 유일한 방법이라고 생각하면서 우리의 가장 소중한 자유를 포기하게 될지도 모른다."[7]

하라리는 결국 문제 해결의 키는 첨단과학과 정직한 과학자들에게 있다고 주장한다. 여기에는 과학과 과학 기술의 진보만이 인류에게 닥친 여러 문제를 해결할 능력이 있다는 과학주의(scientism)적 세계관이 전면에 나타나 있다. 이는 하라리의 다른 책에서도 동일하게 발견할 수 있다. 하라리의 주저 중의 하나인 『호모 데우스』, 일명 '신이 된 인간'은 인간이 겪었던, 그리고 겪게 될 재난과 여러 문제에 대해서 미래에 어떻게 대처해야 할지를 예견하고 있다.

"세 번째 밀레니엄의 여명에서 인류는 놀라운 깨달음으로 깨어나고 있다. 사람들 대부분은 좀처럼 이것에 대해서 생각하지 않지만 지난 몇 세대 동안 우리는 기근과 전염병, 전쟁을 조절해왔다. 물론 이러한 문제들이 완전하게 해결된 것은 아니다. 그러나 이러한 것들은 자연의 이해할 수 없고 조절 불가능한 힘으로부터 관리할(manageable) 수 있는 도전으로 변환되었다. 우리는 이런 재난으로부터 우리를 구원해달라고 성인(saint)이나 어떤 신에게도 기도할 필요가 없다. 우리는 기근과 전염병, 전쟁을 막기 위해 필요한 것들이 무엇인지 너무 잘 알고 있다. 우리는 일반적으로 이것을 하는 것에 성공했다."[8]

하라리는 결국 과학 기술의 진보는 인간을 그를 창조한 신의 자리에 앉게 해줄 것이라고 주장한다. 그는 과학 기술에 대한 극단적인 낙관주의 입장에 서 있다. 다만 문제가 있다면, 과학을 정치적, 종교적으로 이용하려는 사람들이 문제라는 것이다.

이번 코로나19에 대한 하라리의 주장과 대응도 여기에서 벗어나지 않는다. 그리고 코로나19 사태 때 보여준 과학 기술의 위력은 하라리가 취하는 과학 기술의 낙관주의에 더 큰 힘을 실어주고 있다. 결국 과학의 발전은 우리가 통제하지 못했던 것들의 영역을 더 넓힐 것이고, 인간은 과학을 통해 인간 자신까지도 통제할 수 있게 될 것이라는 말이다. 과학이라는 도구를 통해 인간은 우주를 통제하는 신이 될 것이다.

'측정', '제어', '진보'는 과학에 있어 매우 중요한 요소다. 많은 과학철학자는 과학의 4가지 특징으로 '경험적 원리'(the empirical principle), '정량적 원리'(the quantitative principle), '역학적/기계적 원리'(the mechanical principle), '진보적 원리'(the progressive principle)에 대해서 설명한다.

경험적 원리란 물리적 현실에서 경험 가능해야 한다는 것이다. 정량적 원리란 자연에 존재하는 모든 것을 숫자로 표시할 수 있다는 것이며, 기계적 원리란 모든 운동을 인과관계로 설명할 수 있다는 것을 의미한다. 마지막으로, 진보적 원리는 과학적 발견은 계속해서 발전하고 진보한다는 것이다. 이는 과학이 지닌 속성이라 할 수 있다.

그러나 이를 왜곡해서 오감으로 경험할 수 없으면 존재하지 않는다거나 존재하는 것은 모두 숫자로 표시해야만 하며, 모든 현상의 원인을 알 수 있으며, 과학 기술은 반드시 진보한다고 주장하는 순간, 이는 일종의 종교적 신념으로 변해버린다. 이것을 '과학주의'라고 부른다. 과학주의는 어떤 현상에 대해서 과학적 설명이 불가능한 것들은 과학 기술의 진보를 통해 미래에 증명할 수 있다고 주장하거나, 과학으로 설명이 불가능하다면 이는 결국 존재하지 않는 것이라고 단정한다. 과학주의자들에게 하나님은 존재하지 않으며, 인간이 만든 미신과 신화에 불과하다.

코로나19 유입 초기에 대구에서 일어난 사이비 이단인 신천지의 집회를 통한 코로나19 확진자의 폭발적인 확산은 우리 사회의 종교에 대한 시선을 순식간에 싸늘하게 만들어버렸다. 비상식적인 집회 방식과, 감염 사실을 알고서도 의도적으로 숨기는 듯한 태도와, 종교적인 언어로 코로나19를 극복할 수 있다고 생각하는 비과학적인 사고방식에 대다수의 사람들이 경악했다. 결국 행정력과 경찰력을 동원해 강제로 집회 장소를 폐쇄하고 모임을 막았으며, 경기도 도지사는 신천지 본부를 수색하겠다는 압력을 넣어 신도들의 명단을 확보하기까지 했다.

이와 대조적으로 과학자들과 의사들은 정확한 데이터와 의료 과학 기술을 이용한 진단 키트를 만들어 정확한 진단과 치료를 실행했다. 이 과정에서 대다수의 시민들은 비이성적인 종교 집단과 합리적이고 헌신적인 과학자 집단의 대조되는 모습을 목도할 수밖에 없었다. 더하여 전문가와 정부 대응에 반발해 일부 개신교 교회들에서 오프라인 예배를 강행한 후 소수의 확진자가 발생한 일은 비신자들이 사이비 이단 신천지와 정통 교회를 구별하기 어렵게 만들었다.

이렇듯 이 세상은 점점 더 과학을 중심으로 재편되고 있으며, 종교는 과학을 반대하는 비이성적인 영역으로 밀려나고 있다. 안타깝게도 코로나 이후 제3의 자리에 교회(종교)가 설 자리는 없는 것처럼 보인다.

과학주의의 도전 앞에 선 기독교 세계관

코로나19의 도전 앞에서 대다수의 사람들은 정부와 전문가들의 역할의 중요성에 대해서 소리 높였다. 이와 대조적으로 대중 집회를 정기적으로 진행한 교회와 여타 종교 기관들은 오히려 문제 해결의 걸림돌처럼 취급되었다.

이런 와중에 교회의 역할에 관해서 주장한 유명 철학자가 있다. 비록 무신론자이지만, 이탈리아 베네치아건축대학의 조르조 아감벤(Giorgio Agamben)은 "교회들은 이상하게도 이 문제에 대해 아무런 말이 없다"며, 침묵하는 교회를 향해 이 비정상적인 상황에 대해서 답해달라고 요청했다.

아감벤은 코로나19가 "벌거벗은 생명을 제외한 모든 것을 더 이상 인정하지 않는" 상황으로 우리를 몰고 가서 사람과의 관계, 노동, 우정, 사랑, 신념 등의 평범한 일상의 모든 조건을 희생하도록 종용하고 있다고 지적했다. 그는 코로나19로 인해 죽은 사람들의 가족들이 망자의 장례식도 치를 수 없으며, 시신에 대한 아무런 권리도 행사할 수 없는 상황에 대해서 교회가 답해야 한다고 주장했다.[9]

과학이 최첨단을 달리고 그 위세가 사그라지지 않을 것이라는 과학적 낙관주의가 판치지만, 여전히 사람들은 죽음 앞에서는 인간의 한계에 직면한다. 그리고 아감벤과 같이 사람들은 교회에 죽음에 대해서 답해달라고 요청한다. 하라리가 미래 세계에 인간이 자신의 생명마저도 통제하는 '호모 데우스'의 시대가 올 것이라고 주장했지만, 당장 죽음에 직면한 사람들에게는 뜬구름 잡는 이야기일 뿐이다. 교회만이 아직(필자가 믿기에는 영원히) 죽음을 정면으로 다룰 수 있는 유일한 곳이기 때문이다.

교회는 생명을 먼저 이야기하지 않는다. 그렇다고 교회는 죽음만을 이야기하지도 않는다. 철학자 마르틴 하이데거(Martin Heidegger)는 인간은 죽음 앞에서 자신의 현존재를 경험한다고 했다. 또한 죽음이란 인간 자신의 존재가 얼마 남지 않았다는 사실을 인지하게 만들며, 이는 염려(care)라는 감정을 통해 나타난다고 했다.

이때 인간은 의미 있는 선택을 하게 되는데, 이를 '기투'(projection)라고 한다. 하이데거는 의미를 찾기 위한 선택인 기투하는 인간이 인간의 참모습이라고 했다. 이러한 하이데거의 인간 존재를 찾기 위한 여정은 결국 죽음에서 멈춘다. 그에게 죽음 이후의 생명이란 의미가 없다. 단지 죽음으로 존재가 아무것도 아닌 것(nothing)으로 사라지기 전까지의 생명만 의미를 지닌다.

불교 또한 죽음의 의미를 말해주지 않는다. 불교의 죽음이란 또 다른 고통의 자리로 인간을 연결해주는 통로에 불과하다. 환생하여 다른 고통의 시간으로 이동하는 관문이며, 부처가 되는 열반에 이르는 죽음이란 결국 무(nothing)로 사라지는 것이다. 여기에도 생명은 없다. 하지만 기독교는 죽음에서 끝나지 않고 죽음의 언덕을 넘어 생명의 초원으로 우리를 이끈다.

기독교의 죽음은 원초적인 생명의 회복이다. 그리고 예수님이 죽으신 십자가가 예수님의 부활을 가리키듯, 신자의 죽음은 부활한 새로운 생명을 약속한다. 기독교의 죽음은 영광스러운 생명의 문이다. 그러기에 죽음을 가장 영광스럽게 맞이하는 자들, 죽음을 가장 의미 있는 인간의 삶으로 이해하는 자들이 그리스도인들이다.

이러한 이해는 초기 교회의 성도들의 모습을 보면 잘 이해할 수 있다. 주후 2세기 그리스의 철학자로 아덴에서 살았던 아리스티데스(Aristides of Athens)는 기독교로 개종한 후에 기독교 변증가로 활동했다. 그는 『아리스티데스의 변증』(*The Apology of Aristides*)에서 당시 그리스도인들이 죽음에 대해서 어떤 태도를 지니고 있었는지를 다음과 같이 기록했다.

"이들 중에 의로운 사람이 세상을 떠나면 이들은 기뻐하며 하나님께 감사하였다. 기독교인들은 시신을 두는 가까운 곳까지 배웅하였다. 한 아이가 이들 중에서 태어나면 하나님께 감사하였다. 만약 아이가 죽으면 더욱더 하나님께 감사하였다. 아이가 많은 죄 없이 세상을 떠났기 때문이다. 그리고 만약 이들 중에서 불경건하고 죄 많은 사람이 죽으면 이들은 비통하게 슬퍼하였다. 무덤으로 가는 길에도 슬퍼하였다."[10]

초기 그리스도인들은 죽음을 새로운 생명의 시작으로 이해했다. 죽음은 단지 인생의 끝이나 생명의 단절이 아니었다. 죽음을 컨트롤할 수 있는 것으로 생각하지 않았으며, 죽음은 이들이 반드시 넘어가야 할 골고다의 십자가였다. 예수님이 자신의 제자들을 향해 각자의 십자가를 지고 자신을 따르라 하셨듯, 이들은 십자가를 지고 죽음의 길로 갔다. 죽음은 수치나 두려움이 아니라 자신들의 주인이시며 왕이신 분이 가신 왕의 길이었다. 그래서 그 길은 더없이 영광스러운 길이었다. 그리고 그 길 끝에 빈 무덤이 변치 않는 역사적 사실로 약속되어 있었다.

그러기에 그리스도인들은 죽음을 조절하려 하지 않는다. 죽음을 거부하지 않는다. 다만 죽음을 위한 죽음을 거부할 뿐이다. 생명을 위한 죽음을 긍정하는 것은 그 자체로 생명의 주권자이신 하나님의 주권과 전능을 인정하고 그 앞에 무릎 꿇고 경배하는 절대 복종을 의미한다. 우리는 주관자(controller)가 아니라 피조물(creature)이다.

하지만 우리가 맞이할 뉴노멀 시대의 강화된 과학주의 세계관은 어떠한가? 과학주의 세계관과 하라리 같은 사람들의 최종 목적은 인간이 모든 것을 컨트롤하는 주관자가 되는 것이다. 그 마지막 컨트롤의 대상이 다름 아닌 인간의 생명이다.

하라리는 시민들의 연대와 국가와 시민들이 상호 견제하는 민주주의와 탁월한 과학을 통해 이러한 단계에 이를 것이며, 이때 생명을 위협하는 모든 위험 요소를 조절할 수 있게 될 것이라고 주장한다. 지금 생명이 위협받는 이유는 아직 컨트롤 시스템이 완성되지 않았기 때문이라고 말한다. 모든 것은 컨트롤의 문제인 것이다. 이러한 그의 이상(idea)은 정말 우리가 기대할 만한 유토피아가 될 수 있을까?

교회와 교회가 가지고 있는 신념인 기독교 세계관은 과학주의 세계관이 실현하고자 하는 이상인, 인간 생명의 통제를 정면으로 거부한다. 이는 아감벤이 경험하고 비판하고 있는, 정부와 과학이 모든 인간의 일상을 통제해 결국 생명마저도 통제하게 될 날이 올지도 모른다는 두려움에 맞설 수 있는 마지막 희망과 관련되어 있다.

우리 인간은 죽음을 제거한 생명만을 원해왔다. 생명을 위해서는 그 어떤 대가를 치르는 것도 아까워하지 않았다. 오직 생명만을 위한 삶은 코로나19 이전에도 인간 삶의 핵심이었다. 코로나19와 같은 전염병이 조성한 위기의 환경은 평소에 가장 중요하게 여겼던 것만을 남기고 다른 모든 것을 제거하는 역할을 한다. 그래서 평소에는 잘 드러나지 않던, 사람들이 가지고 있는 본질적인 최고의 가치와 세계관, 삶의 지향이 무엇인지를 선명하게 나타낸다.

코로나19를 통해 이 세대가 깨달은 것은 세상의 본질적 지향은 죽음을 제거한 생명, 곧 오직 생존이라는 것이다. 과학은 이를 이룰 수 있는 최고의 도구이자 구원자이며, 신앙의 대상이 되었다. 우상이 되었다.

생존 사회에서의 죽음의 세계관

과거보다 더 분명해진 세속의 세계관에 대항해서 지금 기독교와 기독교 세계관이 보여주어야 할 것은 죽음을 제거한 생명 숭배가 결국 생명을 파괴한다는 진실이다. 미국 그로브시티대학의 신학자인 칼 트루먼(Carl R. Trueman)은 지금 교회가 해야 할 것에 대해서 다음과 같이 말한다.

"바이러스와 싸우는 것은 중요하다. 그러나 교회의 임무는 우리에게 죽음을 준비시키는 것이다."[11]

트루먼은 현대 서구 문화가 영화나 TV 쇼를 통해 죽음을 허구의 것으로 만들어 죽음의 실제(reality)를 축소하거나 지엽적인 것으로 만들어 의도적으로 사람들의 관심에서 멀어지게 해 죽음을 사소화(trivialization)했다고 분석한다. 현대 문화가 집중하는 사소화의 다른 영역은 성(sex)이다. 그는 과거 죽음과 성은 사회에서 가장 거룩한 의식들로서 삶에서 가장 중요한 영역이었다고 설명한다. 그러기에 이 둘은 결코 사소하거나 지엽적인 것으로 만들 수 없었다.

어쩌면 타락한 세상에서 죽음은 현실 속에서 생존보다 더 중요한 현실이자 관심사다. 이 사실은 성의 영역에서 최근에 일어난 'n번방 사건'이나 '미투'(MeToo) 운동을 통해서 그 중요성이 되살아나고 있다. 현대인에게 성의 실제와 직면하는 것은 두려운 일이다. 하지만 결국 인간을 인간답게 하는 인간 삶의 핵심인 요소의 중요성을 사소화해 피하는 것은 삶과 인간을 파괴하는 행위다.

미투 운동이 그러했듯 코로나19 또한 우리 인간 현실의 또 다른 핵심이자 중요한 것인 죽음의 실제와 직면하고 그것이 무엇인지를 깨닫게 하는 시간이 되어야 한다. 트루먼은 죽음과 성은 가상이 아닌 실제와 직면함을 통해 그 실체와 중요성을 빠르게 배울 수 있다고 주장한다.

이러한 이유로 교회는 지금 죽음에 대해서 답하라는 세속 철학자의 요구와 트루먼이 제기한 신학적 의미로서 죽음의 중요성에 대해서 소리 높여야 한다. 모든 인간은 죽음을 피할 수 없으며, 생명은 엄밀하게 말해 '지연된 죽음'(Delaying deaths)이라는 실제성을 말이다. 이것이 그리스도인이 코로나 이후 뉴노멀 시대에 외쳐야 할 기독교 세계관의 핵심 메시지다.

철학자 르네 지라르(Rene Girard)는 기독교의 죽음이 의미하는 바를 다음과 같이 말한다.

"폭력을 잠재우려면 그 폭력에 빛을 쬐어서 폭력의 진상을 밝혀주어야 하는데, 예수가 바로 그렇게 한 것이다."[12]

지라르의 통찰은 특히 기독교 세계관의 역할과 이를 실천하는 자들의 태도가 어떠해야 하는지를 숙고하도록 만들어준다. 기독교 세계관의 목적은 죽음과 싸워서 승리하는 것에만 있는 것이 아니라 죽음을 정면으로 직면해 세상에 죽음을 들여온 죄와 폭력의 실상을 밝히 드러내는 것에도 있다는 것이다.

예수님의 십자가는 죄에서의 승리만이 아니라 세상을 향해 죄의 실상을 폭로한다. 아무 죄 없으신 하나님의 아들, 성자를 죽인 인간의 잔혹함과 부조리함을 하나님이 만드신 창조 세계에 고발하기 때문이다. 그러기에 우리 그리스도인들은 코로나19의 비극을 통해 세상을 향해 우리가 직면한 죽음의 의미와 그 실상을 정면으로 응시하는 용기를 보여주어야 한다.

그렇다면 어떻게 우리의 죽음에 대한 태도를 보여주어야 할까? 여러 가지를 생각해볼 수 있겠지만, 여기에서는 한 가지, 그동안 기독교 세계관이 취했던 승리주의(Triumphalism)적 태도의 변화에 대해서만 언급하고 이 글을 마무리하고자 한다.

승리주의에서 시민교양으로

기독교 세계관이 이 땅에 소개된 지 수십 년이 지났다. 그동안 기독교 세계관 운동은 한국 교회에 이루 말할 수 없이 선한 영향력을 미쳐 왔다. 하지만 인간이 하는 일이 다 그렇듯 기독교 세계관 운동의 공이 많다 해도 비판받을 것이 전혀 없지는 않다. 특히 이미 1970년대부터 북미에서는 지속해서 기독교 세계관의 승리주의적 경향성과 정치적 보수성에 대한 비판이 이어지고 있었다.

이러한 논의 속에서 특별히 개혁주의 기독교 세계관 진영에 속한 리처드 마우(Richard J. Mouw)는 기독교 세계관의 승리주의적 경향성에 대해서 자성의 목소리를 낸 대표적인 인물이다.[13] 그는 개혁파의 기독교 세계관의 승리주의적 경향성으로 인해 기독교와 그리스도인들이 교양 없는 무례한 집단으로 시민사회에 비쳤다고 지적했다.

필자는 개혁파 기독교 세계관 운동의 맥을 이어받은 한국의 기독교 세계관 운동도 이러한 비판에 대해서 귀를 기울여야 한다고 생각한다. 기독교 세계관의 선한 영향력 뒤에 남겨진 무례함의 그늘이 결국 부메랑으로 돌아와 기독교 세계관의 무용론을 강화할 것이기 때문이다. 이러한 이유로 기독교 세계관과 시민교양의 관계성을 정립하는 것은 매우 중요한 일이다.

개혁파 기독교 세계관은 종교개혁자인 장 칼뱅(John Calvin)이 강조한 전적인 하나님의 주권에 기초해 시작했다. 하나님의 주권이란 비록 전 피조 세계는 타락의 영향력에서 벗어날 수 없지만, 그럼에도 하나님은 여전히 세상의 주인이시며 통치자이시라는 것이다. 이것을 통해 그리스도인들은 세상에서 하나님의 뜻에 따라 사는 것은 세상의 존재 방식에 가장 적합하게 사는 것이라는 확신을 얻을 수 있다.

19세기 후반 화란의 총리이자 목사였던 아브라함 카이퍼(Abraham Kuyper)는 이러한 사유를 발전시켜 기독교를 "삶의 체계"(System of life)라고 불렀으며, 스코틀랜드의 목사이자 신학자인 제임스 오르(James Orr)는 기독교를 '세계관'이라고 칭했다. 후에 카이퍼도 '세계관'이라는 용어를 사용하게 됨으로 '기독교 세계관'이란 용어가 교회 안에 정착되었다.

이들은 모두 기독교 세계관의 핵심을 하나님의 주권으로 보았다. 이러한 신학적 전통은 기독교 세계관을 삶의 체계와 실천의 원리로 받아들이는 이들이 지나친 낙관론과 승리주의의 함정을 피할 수 있도록 해주었다. 하나님의 주권 강조는 기독교 세계관을 통해 모든 사상과 행동을 규정하고 판단해 바꾸려는 인간의 인위적이며 교만한 시도를 상대화시켰다.

이와 같은 이유로 기독교 세계관은 하나님의 주권에서 멀어지면 멀어질수록 세계관이라는 용어가 지닌 개념과 관념에만 충실해질 수밖에 없는 위험 요소를 지니고 있다. 생각을 바꾸면 무엇이든 할 수 있다는 강력한 낙관론은 각 분야에 진출한 그리스도인들이 자신들이 발딛고 서 있는 각 영역에 기독교라는 딱지가 수놓아진 승리의 깃발을 꽂는 것이 하나님의 영광을 위한 삶이라는 의식을 고취할 수 있었다.

하지만 이미 하나님이 각 영역의 주인으로서 비록 비그리스도인이지만 이들을 통해 일하고 계시며, 스스로 영광을 받고 계신다는 인식은 상대적으로 약해졌다. 각각의 영역과 분야에서 '세계관 전쟁'을 승리로 이끄는 것이 하나님의 영광을 위한 그리스도인의 바른 삶이라고 생각했기 때문이다.

바로 이 지점에서 우리가 주목해서 봐야 할 단어가 있다. 바로 '세계관 전쟁'이라는 용어다. 전쟁이란 적과 아군을 분명하게 나누고 철저히 상대를 무너뜨려 항복시키고 승리하는 것이 목적이다. 여기서 알 수 있듯이 낙관론은 승리주의와 밀접한 관계가 있다.

'환대'와 '배려', '예의', '동역'이라는 단어들은 '전쟁'과 '승리'의 반대 표현은 아닐지라도 '승리'를 꾸며주는 단어들은 아니다. 이와 반대로 '전쟁'과 '승리'를 수식하기 위해 자주 사용되는 표현들은 '증오'와 '배제', '혐오', '복수'와 같은 단어들이다.

그런데 현실에서 우리는 그리스도인과 비그리스도인이 어울려 시민으로서 부정한 권력에 대항해 집회에 나가기도 하고, 사무실에서 같은 목표를 가지고 협력할 때도 있다. 학교에서는 비신자인 선생님의 성실하고 진심 어린 도움을 받으며, 도로에서 교통사고로 어쩔 줄 몰라 할 때 선뜻 내 일처럼 도와주는 사람이 비신자일 수도 있다.

그러면 이들의 호의와 예의 바른 행동에 우리는 어떤 태도를 취해야 할까? 기만으로 치부하고 불쾌해해야 할까? 아니면 진심 어린 감사로 답해야 할까?

비신자들의 삶 속에는 하나님의 나라와 신자들의 양심과 양립할 수 없는 죄가 분명히 존재한다. 이러한 부분에서는 신자들은 타협해서는 안 된다. 에베소서에서 바울은 이를 영적인 전쟁에 필요한 전신 갑주라는 유비를 사용해 설명했다(엡 6장). 동시에 예수님은 선한 사마리아인의 비유를 통해 누가 우리의 이웃인지를 물으셨다(눅 10장). 그 답은 도움이 필요한 모든 자다. 당시 유대인들에 의해서 지옥의 땔감 취급을 받을 정도로 이단으로 천대받았던 사마리아인도 이웃으로서 대접받을 충분한 자격이 있었다.

이를 통합한 사건이 요한복음 8장에 기록되어 있다. 간음하다 잡혀 온 한 여인에게 돌을 던지라고 요구하는 무리를 향해 예수님은 "너희 중에 죄 없는 자가 먼저 돌로 치라"(요 8:7)고 말씀하셨다. 서로 눈치만 보던 사람들은 어느덧 모두 사라졌다. 예수님과 여인만 남았을 때 예수님은 다음과 같이 말씀하셨다.

"나도 너를 정죄하지 아니하노니 가서 다시는 죄를 범하지 말라"(요 8:11).

이 사건은 기독교 세계관은 죄와 싸워야 하며, 동시에 대중의 야만적이며 폭력적인 무례함과 싸워야 한다는 것을 우리에게 가르쳐주고 있다. 요한계시록 6장에는 이 땅에서 고통받고 죽은 순교자들의 외침이 기록되어 있다. 순교자들이 큰 소리로 불러 이르되 "거룩하고 참되신 대주재여 땅에 거하는 자들을 심판하여 우리 피를 갚아주지 아니하시기를 어느 때까지 하시려 하나이까"(계 6:10) 하자 하나님은 그들에게 답하셨다.

"아직 잠시 동안 쉬되 그들의 동무 종들과 형제들도 자기처럼 죽임을 당하여 그 수가 차기까지 하라"(계 6:11).

하나님은 전능하신 통치자이며 주권자이시다. 그러나 그분의 주권 아래서 기독교 세계관의 역할은 제한된다. 바로 그것은 세상의 죄와 폭력과 야만성, 어둠을 충분히 드러내는 빛의 역할이다. 우리의 승리를 통해 하나님의 승리가 담보되는 것이 아니라, 우리의 삶을 통해 악의 잔악함과 불의함을 하나님께 고발하는 빛의 역할이야말로 기독교 세계관의 제일 소명인 것이다.

그렇다면 악과 죽음으로 고통받는 사람들은 누구든지 우리의 이웃이며 돌봄과 환대의 대상일 수밖에 없다. 하지만 기독교 세계관이 낙관적 승리주의에 도취해 있는 한 '우리'라는 원 밖에 있는 사람들에게는 언제나 무례할 수밖에 없으며, 이것이 바로 기독교 세계관을 무례하게 할 뿐 아니라 시민교양이 결핍된 그리스도인을 만드는 승리주의에 물든 왜곡된 기독교 세계관의 민낯이다.

코로나19로 전 세계가 생명지상주의로 치닫고 있을 때 생명은 이 세상으로 끝이 아니라 영원한 생명이 있다는 사실을 교회는 알려야 할 책무가 있다. 그것은 트루먼이 말하듯, 세상과 사람들이 죽음의 실상과 직면하게 하는 것이다.

이것을 무례하지 않게 이들에게 전하는 길은 죽어가는 자들과 그들의 가족들의 이웃이 되는 것이다. 우리 그리스도인들이 죽음을 이기고 초월한 존재라고 선언하는 것이 아니라, 요한계시록의 순교자들의 외침처럼 고통과 죽음에 대해서 함께 절규하고 그 진상을 폭로해야 한다. 그리고 그 잔인함의 현장에서 위에 계신 하나님의 구원을 소망하는 자들인 우리는 겸손과 따뜻함, 평안(샬롬)으로 세상을 위로해야 한다.

이것은 죽음의 현실을 사소한 것과 지엽적인 것으로 왜곡하지 않고 그 잔인한 현실을 똑바로 바라볼 때 가능하다. 그리하여 세상이 교회와 그리스도인들이 보여준 죽음 앞에 서서 복음을 유일한 소망으로 꿈꿀 수 있게 되기를 간절히 바란다. 이제 교회와 그리스도인은 그리스도의 죽음의 세계관을 배우고 세상 속에 이를 보일 때다.

이춘성 목사

20-30대의 대부분을 한국 라브리 간사와 국제 라브리 회원으로 기독교 공동체 운동과 기독교 세계관을 연구하고 가르쳤다. 라브리에 찾아오는 손님들을 맞이해 함께 공부하고 노동하면서 성경의 진리를 단지 머리로만이 아니라 몸으로 형성하는 일을 사명으로 알고 일했다. 그러던 중에 라브리에서 경험한 '정직한 질문과 정직한 답'을 평범한 교회와 신자의 일상에 적용할 수 없는지 고민했다. 이후에 부족한 공부를 하기 위해 고신대학원에서 기독교윤리학(Th.M.)을 공부하면서 "일의 신학과 윤리"로 논문을 작성했다. 이어서 고신대학교 일반대학원 기독교윤리학 박사과정을 수료하고 "환대"를 주제로 연구하고 있다. 현재 수원 광교산울교회에서 청년부 담당 목사로 섬기고 있다.

● 함께 나누는 이야기

1. 코로나19의 영향으로 앞으로 뉴노멀 시대(New Normal Age)가 열릴 것이라고 예측합니다. 우리에게 현실로 다가온 뉴노멀 시대는 구체적으로 어떤 것일까요? 자신이 느끼거나 경험한 것이 있다면 나누어봅시다.

   _____
   _____

2. 뉴노멀 시대에 과학은 더 중요해질 것입니다. 앞으로 대두될 과학주의 세계관은 무엇이며 이것을 신앙인의 관점에서 어떻게 생각해야 합니까?

   _____
   _____

3. 코로나19 사태를 통해 많은 사람이 죽음의 두려움을 경험했습니다. 신학자 칼 트루먼은 "바이러스와 싸우는 것은 중요하다. 그러나 교회의 임무는 우리에게 죽음을 준비시키는 것이다"라고 말했습니다. 이를 위해 교회가 지금 할 수 있는 일을 나누어봅시다.

   _____
   _____

The Restoring Church

4. 저자는 "폭력을 잠재우려면 그 폭력에 빛을 쬐어서 폭력의 진상을 밝혀주어야 하는데, 예수가 바로 그렇게 한 것이다"라는 철학자 르네 지라르의 말을 인용합니다. 이 말의 의미는 무엇이며, 기독교 세계관적인 실천은 어떤 것입니까?

5. '기독교 세계관'이라는 용어를 '기독교 승리주의'라는 용어와 동의어로 생각하는 경향이 있습니다. 기독교 승리주의의 약점은 무엇이며 그 대안으로 시민교양을 우리가 있는 삶의 자리에서 실천할 수 있는 구체적인 방법들을 나누어봅시다.

6.
사회적 책임과 섬김의 회복

새로운 섬김이 온다:
운동성과 지역성을 활용하라

포스트 코로나-교회는 어떻게 사회적 책임을
감당하며 세상을 섬겨야 하는가?

_서창희

> "우리에게 진정으로 필요한 것은 말씀과 세상에 관한 더 많은 정보를 머리에 채우는 일이 아니다. 우리에게는 '세상 속에서' 말씀을 경험하여 그 말씀이 우리 가슴 깊은 곳까지 파고드는 일이 진정으로 필요하다."
>
> – 데이비드 플랫(David Platt)

코로나19 폭풍 전야

코로나19가 닥치기 몇 달 전인 2019년 12월, 개척한 지 5년 차를 지나고 있는 한사람교회는 주일예배 장소를 잃어버릴 위기에 처했다. 음악 연습실을 주일에만 빌려 예배를 드리고 있었으나 건물 주인이 사업자에게 "교회는 대관을 해주지 말라"고 일방적으로 통보한 것이다. 아무리 생각해도 이유를 알 수 없었지만 70여 명의 개척교회 성도들은 추운 겨울 한순간에 예배드릴 공간을 잃어버렸다.

우리의 위급한 상황이 서울광염교회(담임목사 조현삼)에 알려졌다. 신학대학원 입학 때부터 이 교회에서 후원하는 빌립보장학회에 선발되어 학업에 도움을 받고 있었기 때문이다. 서울광염교회는 꾸준한 섬김을 지속해오고 있었던 교회답게 교회 개척과 지원을 담당하는 장로님을 파견해 한사람교회의 상황을 파악했고, 다음 예배 공간에 대한 전략을 어떻게 펼쳐야 할지 당회에서 논의했다.

교회의 현 상황과 특성, 미래의 가능성을 복합적으로 판단하고 심의한 서울광염교회는 한사람교회의 새로운 예배 거처를 마련하는 데 힘써주었다. 담임목사와 교역자가 직접 새로운 예배 장소를 물색하고 평가해 의사결정에 도움을 주었을 뿐 아니라 성도의 십일조를 사용해 교회 시설과 운영비를 위해 상당한 자원을 헌금해주었다.

코로나19 이전의 섬김

간신히 폭풍이 지나갔다고 생각하던 어느 날, 진짜 폭풍이 왔다. 새로운 공간에서 예배를 몇 번 드려보지도 못했는데 코로나19 사태를 맞이한 것이다. 만약 계속 대관이 가능했거나 다른 임시 거처로 장소를 옮겼다면 당연히 코로나19로 인해 예배 공간 사용을 거부당했을 것이다. 온라인 예배 송출을 위한 최소한의 장소마저도 없었을 것이다. 그러나 코로나19가 오기 전에 거처를 옮겨놓았기에 온라인 예배를 송출할 뿐만 아니라 방역 수칙을 지키며 현장 예배를 지속할 수 있었다.

한 교회가 위기 속에서 건짐 받고 살아남을 수 있었던 이 모든 일이 어떻게 이루어질 수 있었는가? 코로나19 사태 속에서도 한 교회가 견고하게 버틸 수 있었던 이유는 무엇인가? 코로나19 사태가 터지기 '이전부터' 한 교회가 또 다른 교회를 책임지고 사랑하는 섬김을 한결같이 수행하고 있었기 때문에 가능한 일이었다. 그렇다. 코로나19 이전에도 한국 교회의 섬김은 조용하게, 여전히 지속되고 있었다.

가까운 이웃을 위한 협력

코로나19 때문에 교회가 사회 속에서, 그리고 다른 교회를 섬기기 위해 어떤 역할을 해야 하는지에 관심이 많아졌다. 그러나 지금까지도 이미 보이지 않는 곳에서 묵묵히 섬겨온 한국 교회와 성도들의 섬김이 괄시되어서는 안 될 것이다. 다만 시대의 변화에 따라, 그리고 코로나19와 같이 예기치 않은 사건 속에서 섬김의 방향성을 재고해보는 것은 지혜로운 일일 것이다.

교회의 사회적 책임과 관련된 학문적 논의가 뜨겁다. '공공신학'이라는 말도 여기저기서 들려온다. 하지만 치열한 삶을 살아가는 성도 입장에서, 그리고 한 영혼을 붙들고 씨름하는 평범한 목회자 입장에서는 사실 어려운 신학적 용어나 이론적인 접근들이 무겁고 멀게 느껴질 때가 많다.

한국 교회와 성도들은 어떻게 이 시대를 섬겨야 할까? 코로나 이후 한국 교회가 감당해야 할 섬김의 방향성을 제안하자면, '가까운 이웃을 위한 협력'이라고 표현하고 싶다. 이 말속에는 섬김의 방향에 대한 두 가지 생각이 담겨 있다. ⑴ 협력해야 한다는 것이고, ⑵ 가까워야 한다는 것이다. '협력'은 '운동성'을 강화하는 섬김을 말하며, '가깝다'는 말은 '지역성'을 통한 섬김을 뜻한다.

대사회적 섬김에 대한 이 두 가지 통찰은 모두 이웃 사랑을 명하는 성경에 근거가 있다. 이 글에서는 누가복음 10장에 나오는 선한 사마리아 사람 비유를 포스트 코로나 시대의 한국 교회에 적용해, 한국 교회와 성도들이 어떻게 시대의 책임과 섬김을 회복하는 길을 걸을 수 있을지에 대해 살피고자 한다.

코로나19가 한국 교회의 섬김에 주는 통찰: 운동성과 지역성

1. 협력하는 한국 교회: 운동(movement)을 통한 섬김

누가복음 10장에는 강도 만난 이웃을 도운 사마리아 사람의 이야기가 나온다. 사마리아 사람이 강도 만난 자를 돌보아주었다. 사마리아 사람이 주막에 가서 강도 만난 자를 돌보아주었다는 기록으로 상황은 마무리되었다. 그런데 사마리아 사람은 강도 만난 자를 도운 이후에 무슨 일을 했을까? 그는 강도 만난 자를 고쳐주다가 주막 주인에게 이웃을 맡기고 홀연히 떠나버렸다.

"이 사람을 돌보아주라 비용이 더 들면 내가 돌아올 때에 갚으리라" (눅 10:35).

사마리아 사람은 강도 만난 자를 끝까지 돌보지 않은 무책임한 사람이었는가? 그렇지 않다. 사마리아 사람은 모든 일을 자신이 처리할 수 없다는 것을 알았다. 자신의 본업을 계속 수행해야 했다. 그래서 협력했다. 사마리아 사람과 주막 주인의 협력을 통해 섬김이 이루어진 것이다. 홀로 돕지 않았다. 같이 도왔다. 섬김을 위해 협력의 방식을 택한 것이다. 긴급한 섬김을 위해 사마리아 사람은 주막 주인과 함께 일했다. 긴급한 섬김을 위해 집단적인 협력이 일어나는 것, 이것을 '운동'(movement)이라고 한다.

대형교회이든 개척교회이든 지교회의 형편은 모두 다양하며, 그들 나름의 사역 전략과 진행되는 일들이 있다. 그래서 한 교회가 사회적인 섬김의 여러 주제들을 모두 감당하기는 어려운 일이다. 코로나19 사태는 한국 교회에 운동을 통한 섬김이 필요함을 보여주었다. 사회적 문제를 효과적으로 해결하고 그 열매를 맛보기 위해서는 작은 교회의 개별적 노력에만 머물러서는 안 되고, 대형교회에 일방적으로 맡기는 형태도 부족하다. 개별적인 교회들이 한 가지 주제 아래 연합하는 움직임, 바로 운동을 통해 일할 때 사회적인 책임을 다할 수 있다.

어떻게 운동을 일으키는가? 집단적인 협력이 일어나려면 어떻게 해야 하는가? 코로나19는 섬김을 위한 운동에는 숨겨진 공통점이 있음을 보여주었다.

(1) 운동은 적실성이 있다(relevance)

코로나19 사태가 벌어지면서 모이는 예배가 불가능해지자 모임 공간의 유지조차도 어려움을 겪는 교회가 많았다. 대부분의 미자립교회들은 월세를 지불하는 임대 방식의 모임 공간을 가지고 있기 때문이다. 대구, 경북 지역뿐만 아니라 온라인 예배가 확산되며 전국적으로 공간 유지에 어려움을 겪는 교회들이 동시다발적으로 생겨난 것이다.

이 사태를 해결하기 위해 분당우리교회에서는 '미자립교회 월세 대납 운동'을 진행했다. 어려움을 겪으면서도 사명을 감당하는 교회들에게 힘이 되어준 것이다. 실제로 이 운동은 3월 초 '코로나19 바이러스 구호 특별헌금'이라는 이름으로 시작되어서 그 방향이 더 정교해진 형태다. 마감된 2020년 4월 8일까지 무려 약 33억 원의 헌금이 모였다. 교회 내부적으로는 5억 원 정도를 예상했다고 하니, 집단적인 움직임이 일어난 것이 분명하다. 실제로 전국 교회에서, 그리고 해외에서도 동참한 성도들이 모금한 액수라고 하니, 섬김의 상징적인 사례가 될 수 있을 것이다.[1]

분당우리교회뿐만 아니라 사실 많은 한국 교회와 성도가 이 운동에 보이지 않게 동참했다. 부끄럽지만 개척교회인 한사람교회 또한 이 운동이 적실하다고 판단해 부족한 상황 중에 지방의 더 어려운 여러 교회들에게 헌금을 전달한 바 있다. 작은 교회들까지 운동의 영향 속에 한 가지 목표에 매진하게 된 것이다.

도대체 왜 운동이 일어났을까? 이 사례는 '적실한' 운동이 섬김의 효과를 극대화할 수 있음을 보여준다. 적실성이란 무엇인가? 현재 당면한 끓어오르는 문제를 다루는 것이다. 지혜로운 섬김이 되기 위해서, 운동을 통한 섬김을 위해서는 끓어오르는 문제를 다루어야 한다.

코로나 기간에 미자립교회의 월세 문제 말고 다른 문제도 있지 않았겠는가? 섬김의 대상 중 어렵지 않은 곳이 어디 있겠는가? 소외되고 알려지지 않은 사회의 음지들은 많이 있다. 그들을 꾸준히 섬기는 한국 교회의 손길도 여전히 있다는 것을 우리 모두 알고 있다. 그러나 코로나19 사태는 우리에게 섬김을 위한 새로운 통찰을 선사해주었다. 당면한 문제에 맞는 적실한 섬김은 훨씬 더 많은 성도와 교회의 동참을 이끌어낸다는 것이다.

'코로나19 바이러스 구호 특별헌금'이라고 명명했을 때에는 어떤 대상을 어떻게 돕겠다는 것인지 불명확했다. 그러나 '미자립교회 월세 지원'이라는 끓어오르는 문제를 건드리면서 주제를 명확히 하자 한국 교회 성도들 사이에서 운동이 일어나는 것이 감지되었다.

운동은 적실성이 있어야 '운동성'이 생긴다. 코로나19에 미자립교회가 어려운 것은 너무 당연했다. 성도들을 향한 설득이 쉽게 이루어졌다. 그래서 많은 금액이 모였다. 여기저기에서 비슷한 운동이 벌어졌다. 실제로 이 교회의 운동이 벌어지자 비그리스도인들도 헌금에 동참했다는 후문이 있다. 그만큼 사회적인 적실성을 확보했기 때문에 효과를 극대화할 수 있었던 것이다.

적실한 섬김의 주제는 어떻게 포착되는가? 대단한 운동을 일으키는 사람들에 대해 특별한 지식이나 실력이 있는 사람들이라고 착각할 때가 많다. 그러나 실제로 그들의 인터뷰를 들어보라. 그들의 섬김이 시작된 계기는 평범했다. 성경은 적실한 섬김의 기회가 '평범한 일상'에 있음을 보여준다. 사마리아 사람은 '오늘은 강도 만난 사람을 섬겨야지'라는 섬김의 다짐을 하지도 않았으며, '연간 섬김 기획서'를 작성한 것도 아니었다. 사마리아 사람이 어떻게 강도 만난 자를 만났는지 아는가? 그는 여행 중이었다!

"어떤 사마리아 사람은 여행하는 중 거기 이르러"(눅 10:33).

제사장도, 레위인도 똑같이 그 길을 걸었지만 섬길 수 없었다. 이웃의 필요에 귀 기울이는 마음 자체가 부재했기 때문이다. 섬김은 특별한 장소에서 시작되는 것이 아니다. 내가 걷는 길에서 당면한 이웃의 필요에 귀 기울일 때 섬김은 자연스럽게 확장될 수 있다.

'베이비박스'로 유명한 주사랑공동체(이종락 목사)가 있다. 이종락 목사는 그의 아들을 선천성 뇌성마비로 먼저 세상을 떠나보낸 아픔이 있었다. 그 아픔을 섬김의 계기로 삼아 장애인 보호 사역을 하고 있었다. 그런데 2007년 봄, 교회 앞에 버려진 생선 상자가 놓여 있었다. 상자를 열어 보니 갓 태어난 아기가 누워 있었고 몸이 차갑게 식어가고 있었다.

장애인 사역과 버려진 아기는 섬김의 주제가 다르지 않은가? 이 사역도 버거운데, 저 사역은 내 관심 밖에 두고 싶지 않았을까? 그러나 그는 내가 걷는 길에서 우연히 발견한 이웃의 필요에 귀 기울였다. 이후 돌아보니 버려지는 아기가 시대적으로 너무나 적실한 섬김의 주제가 되어 있었던 것이다.

섬김을 위해 특별한 준비를 하지 않아도 좋다. 사마리아 사람처럼 여행을 가도 좋다. 다만 하나님이 내게 주신 일상, 내게 주신 현장 속에서 이웃의 필요에 귀 기울여보자. 이웃을 향한 하나님의 마음을 품는 것이 적실성의 시작이다.

흔히 한국인들이 문제가 생기면 쉽게 끓어오르는 기질을 보고 '냄비근성'이 있다고 말한다. 단점이라고 보지 말고, 장점으로 사용해야 한다. 긴급한 필요와 냄비근성이 만나면 운동이 일어난다. 올바른 것을 향해 끓어오르게 만드는 것이 교회의 역할이다. 하나님은 사람의 마음에 선하고 가치 있는 것을 위해 헌신하고 싶은 갈망을 주셨다. 교회는 이 갈망에 불을 지펴주어야 한다. 지교회를 넘어 교단, 그리고 교단을 뛰어넘는 협력 속에서 적실성을 홍보하는 역할을 감당해준다면, 운동성은 더욱 커질 것이다.

코로나19 사태가 잠잠해진 이후에, 앞서 소개한 운동들이 지속될 수 있을까? 귀한 섬김인데 지속되어야 하는 것 아닐까? 그렇지 않다. 어쩌면 식어버릴지도 모른다. 적실성을 잃어버릴 것이기 때문이고, 그것은 자연스러운 현상이다.

코로나19가 잠잠해져가는 것은 하나님의 은혜이고 좋은 일이다.

그러나 섬김을 위한 운동까지 같이 식어버리면 안 된다. 한국 교회는 이제 운동을 통해 섬겨야 한다. 사회적으로 집중해야 할 운동을 만들어내야 한다. 사도행전 17장 6절은 "천하를 어지럽게 하던 이 사람들이 여기도 이르매"라고 말한다. 또 다른 섬김의 지역에서 새로운 운동을 일으켜야 한다. 추상적인 섬김, 추상적인 이웃 사랑은 코로나 이후 적실한 운동으로 재편되어야 한다.

　이제 무슨 문제가 적실할까(What's next)? 어떤 문제를 해결할 때 한국 교회와 온 성도가 참여할 수 있는 운동이 일어나 효과적으로 시대를 섬길 수 있을까? 하나님께 적실한 운동을 달라고 기도하자. 시대는 한국 교회와 성도들이 일으킬 다음 운동을 기다리고 있다.

(2) 운동은 연결한다(connection)

　사마리아 사람이 강도 만난 이웃을 도왔다. 눈물을 흘리며 병상 곁에서 손을 잡아주리라 생각했다. 그러나 사마리아 사람은 떠나면서 주막 주인에게 "이 사람을 돌보아주라 비용이 더 들면 내가 돌아올 때에 갚으리라"(눅 10:35)라고 당차게 말했다. 쉽게 바꿔보자면 이런 말일 것이다. "나는 일단 갈 테니 잘 좀 부탁하고, 치료비가 더 필요하면 연락 주게." 운동을 통한 섬김은 연결을 일으킨다. 사마리아 사람은 주막 주인에게 강도 만난 자를 연결시켜주었다.

　코로나19 사태 때 대구, 경북의 교회들은 교회들끼리 서로 연결되어 지역을 섬기는 본을 보여주었다. 아무리 다른 지역의 대형교회들이 돕자고 발 벗고 나서도, 지역의 세부 현황들과 그 지역민들을 제대로 파악하기란 쉬운 일이 아니다. 그러나 지역교회가 그곳에서 거점 역할을 감당해 섬김이 온전히 전달될 수 있도록 힘써주었다.

한국기독교연합봉사단(단장 조현삼 목사)은 코로나19 사태가 터진 직후 가장 피해가 큰 대구 지역을 돕기 위해 대구광염교회(담임목사 이승수)에 구호 캠프를 설치하고, 주변 27개 교회와 협력해 긴급 구호 대상자를 선발했다.[2] 지역교회와 연결할 때 운동이 일어났다. 섬김의 효과가 극대화된 것이다.

또한 기존에 갖추어진 조직을 통한 연결도 운동을 일으키는 데 효과적인 사례가 될 수 있다. 개별적인 미자립교회를 지원하는 데 한계를 느낀 서울광염교회는 최근 '파트너 노회'라는 이름으로 노회 단위의 섬김을 시작했다. 해당 노회에서 노회 소속 미자립교회를 지원하면 서울광염교회에서 노회가 지원한 금액만큼을 추가적으로 헌금하는 방식으로 미자립교회 지원 사역에 협력하는 것이다. 코로나19가 발생했을 때에도 파트너 노회를 통해서 코로나19 관련 용품을 지원하는 사역을 신속히 진행했다.[3]

이 섬김이 독특한 이유는 연결을 지향했다는 점 때문이다. 지금까지 개교회의 섬김은 활발했지만 노회가 조직적으로 현장의 섬김에 적극적으로 발 벗고 나서기는 쉽지 않았다. 노회는 제도적인 후방 지원에 그칠 때가 많았다. 그러나 노회 또한 사역에 적극적으로 참여할 수 있도록 연결시키자 운동이 일어난 것이다. 코로나19는 긴급한 사태 앞에서 교단과 노회, 지역을 뛰어넘는 연결이 가능함을 보여주었다. 연결시키면 운동이 일어난다.

2. 가까운 한국 교회: 지역성(locality)을 통한 섬김

코로나19 사태를 겪으며 불가피하게 유튜브 등 온라인 영상 송출 매체를 이용해 각 가정에서 예배를 드릴 수 있도록 조치하는 교회들이 늘어났다. 온라인 예배를 진행하며 많은 담임목회자가 황당한 일을 겪었다고 한다. 대부분의 온라인 방송 매체에는 그 방송의 시청자 수가 얼마나 되는지가 표시된다. 그런데 계산을 해보니 코로나19 이전에 모였던 예배 시의 전체 출석수보다, 온라인 예배 참여자 수가 현저하게 줄어들었기 때문이다.

그 성도들은 모두 어디에 갔을까? 늦잠을 잔 성도도 있을 것이다. 가정에서 예배에 참여하는 습관이 되어 있지 않은 성도들도 있었을 것이다. 그러나 그 숫자가 현저하게 차이 나는 현상 속에서 우리는 다른 원인을 추측할 수 있다. 코로나19 사태로 성도들의 '온라인 수평이동'이 일어난 것이다. 실제로 "다른 교회에서 놀러왔습니다. 은혜 받았습니다"라고 채팅을 하는 사람도 있었다고 하니, 단순한 추측만은 아닌 것 같다.

부산의 A교회를 섬기는 사람이 온라인으로 서울의 B교회 주일예배에 접속하고, 대구의 C교회를 섬기는 성도가 온라인으로 인천의 D교회 오후예배에 접속한 것이다. 잠시나마 지상의 가시적 교회를 넘어

선 신자들의 보편교회(catholic church), 즉 '거룩한 공회'를 온라인에서 일시적으로 실현하는 웃지 못할 모습을 보였다.

한때 지역교회들 사이에서 수평이동의 어려움을 호소하는 이야기들이 많았다. 시설이 좋고 규모가 큰 교회들이 작은 지역교회들의 성도들을 모두 빼앗아 간다는 것이다. 시설과 규모 때문에 수평이동이 이루어진다면 안타까운 일이라고 할 수 있다. 그러나 온라인에서 벌어진 이 일은 어떻게 해석해야 할까? 대형교회 온라인 예배 접속은 좀 더 편리하고, 작은 교회 온라인 예배 접속은 불편한가? 그렇지 않다.

온라인 예배를 드리는 기간을 통해 한국 교회는 이제 수평이동의 문제가 단순히 성도들의 미숙함과 물리적인 시설 때문이 아니라는 점이 드러나고 있다. 온라인 수평이동의 이유를 말하는 성도들 중에는 신앙적으로 진지한 고백들이 많이 있다. 설교가 훨씬 더 다가오고, 찬양이 훨씬 더 은혜롭다는 것이다. 본질적인 이유가 있으니 수평이동도 타당하다는 논리다. 설교는 본질이다. 찬양도 본질이다. 설교가 좋고, 찬양이 훨씬 은혜롭다면 성도는 다른 곳에서 예배하는 것도 괜찮은가?

코로나19는 오늘날 한국 교회가 놓치고 있는 또 하나의 교회의 본질을 회복할 수 있도록 도와준다. 그것은 바로 이웃 사랑, 즉 섬김을 위한 사명이다. 교회가 섬김의 사명을 감당하기 위해 필수적으로 동반되어야 하는 것이 바로 '교회의 지역성(locality)'이다. 교회는 지역적으로 존재한다는 것이다.

교회는 예배 공동체다. 그러나 결코 예배에 머무르는 공동체가 아니다. 교회는 삶의 예배, 즉 이웃과 시대를 향한 섬김으로 예배자의 행동을 요구하는 데까지 나아가야 한다. 그러나 그 섬김의 주제와 모양은 각 교회가 섬기는 지역과 밀접한 연관이 있다. 교회는 지역성을 회복해야 한다.

코로나19 때문에 온라인 수평이동이 일어났다는 것은 정직하지 못한 말이다. 실제로는 성도들의 그런 욕구가 이미 내면에 있었던 것이다. '여기에서 예배드리나, 저기에서 예배드리나 별다른 차이가 없는데?'라는 생각이 마음속에 자리 잡고 있는 것이다. 코로나19는 지역 교회들이 지역성을 독특하게 유지하지 못할 경우, 오히려 수평이동이 가속화될 것을 보여준다.

바울 서신의 서두는 대부분 지역교회의 구성원으로 부르심을 받은 성도들을 언급하면서 시작한다.

"그리스도 예수의 종 바울과 디모데는 그리스도 예수 안에서 빌립보에 사는 모든 성도와 또한 감독들과 집사들에게 편지하노니"(빌 1:1).

"고린도에 있는 하나님의 교회 곧 그리스도 예수 안에서 거룩하여지고 성도라 부르심을 받은 자들과 또 각처에서 우리의 주 곧 그들과 우리의 주 되신 예수 그리스도의 이름을 부르는 모든 자들에게"(고전 1:2).

빌립보서를 읽은 사람들이 누구였는가? 단순한 그리스도인이 아니었다. '빌립보'의 교인들이었다. 고린도전서를 읽은 사람들이 누구였는가? '고린도'라는 지역에 사는 성도들이었다. 바울은 지역성을 고려해 편지를 썼다. 서신이 강조하는 주제는 그 지역에 따라 달라진다. 달리 말하면, 하나님은 지역에 맞게 말씀하시고, 지역에 맞게 사역을 주신 것이다.

『힘든 곳의 지역교회』라는 책을 쓴 메즈 맥코넬과 마이크 맥킨리는 바울의 선교 전략을 분석하면서 지역교회가 바로 하나님이 세상에서 그분의 선교를 성취하도록 의도하신 방법이라고 말한다.

"사도 바울은 자신의 사역 전략을 회고하면서 이렇게 썼다. '내가 예루살렘으로부터 두루 행하여 일루리곤까지 그리스도의 복음을 편만하게 전하였노라 또 내가 그리스도의 이름을 부르는 곳에는 복음을 전하지 않기를 힘썼노니 이는 남의 터 위에 건축하지 아니하려 함이라'(롬 15:19-20). 바울은 예루살렘부터 일루리곤까지의 지역을 복음이 전해진 지역으로 생각했다. 그곳에서 복음이 편만하게 전해졌다고 말했다. 바울이 그 방대한 지역의 모든 지역사회와 가정마다 복음을 전했기 때문에 그렇게 말했을까? 물론 그렇지 않다. 바울이 이 지역을 자신의 전도 대상 목록에서 제외시킬 수 있었던 이유는 그 지역에 교회들이 있음을 알았기 때문이다. 바울은 그곳의 교회들을 통해 복음이 주변 지역 사람들에게 전해질 것을 알고 있었다. 지역교회들이 지역적 복음 전도 사명을 수행한다."[4]

저자는 교회가 특정한 지역 내에 속해 그 지역을 섬겨나가야 될 이유와 그 효과를 설명했다. 모두 교회의 핵심적인 사명 중 하나인 복음 전도와 섬김과 관련된 것이다. 코로나 이후 한국 교회는 지교회마다 지역과 관련해 하나님이 주신 사명과 그 섬김의 사명을 더욱 강조해야 한다. 온라인으로 떠돌아다니는 성도들을 억지로 잡을 수 없다. 하나님이 원하시는 뜻을 선포하고, 순종을 독려해야 한다. 하나님의 뜻은 분명하다. 하나님은 지역교회 속에서 성도들 각자에게 섬김의 사명을 주신다.

코로나 이후 각 지역교회들이 구체적인 섬김을 어떻게 실천해야 할까? 사명을 감당할 때 꼭 고려해야 하는 두 가지 내용을 나누고자 한다.

(1) 섬김의 주제는 더욱 중요해진다

왜 한 지역교회에 속한 성도는 다른 교회의 예배에 이리저리 돌아다니는 것에 주의해야 하는가? 한 지역교회에는 그들이 섬겨야 할 특별한 대상이 있기 때문이다. 많은 교회가 온라인 수평이동에 주저앉는 이유는 그 교회만이 감당할 수 있는 지역적인 책임을 성도들에게 충분하게 강조하지 못했기 때문이다. 지역교회만이 감당할 수 있는 주제를 던지고, 성도들이 그 주제에 참여할 수 있게 해야 한다. 그래야 성도들은 지역교회에 속한 교회 됨의 사명감을 유지할 수 있다.

한사람교회는 지하철 2호선 낙성대역에 위치해 있다. 처음에는 서울대학교 가까이에 위치해서, 서울대학교 학생들을 대상으로 캠퍼스 전도를 해야겠다는 막연한 생각이 있었다. 그러나 몇 년쯤 지나니 지역성이 완전히 다르게 드러났다. 이곳은 강남으로 출퇴근하는 싱글 직장인들이 집중적으로 모여 사는 원룸 촌이었다. 직장 근처의 집값은 비싸지만, 2호선 주변에 살면서 쉽게 출퇴근할 수 있는 곳으로 이곳을 택한 것이다. 시간이 지나자, 교회에는 서울대학교 학생들이 아니라 직장 초년생들이 오기 시작했다.

한사람교회가 캠퍼스 전도에만 열을 올렸다면 무슨 일이 벌어졌을까? 아마도 직장인 성도들이 자신들의 삶과 별다른 연관성을 느끼지 못해 섬김에 발 벗고 나서지 못했을 것이다. 특별히 이 교회에 다닐 이유가 없었을 것이다. 그러나 이 지역의 특징을 설교 시간에 소개하고, 지역성에 맞는 섬김을 제시하니 사람들이 듣고 참여하기 시작했다. 대부분의 교인들은 사회 초년생으로서 만남을 진지하게 생각하거나, 결혼을 하고 자녀를 낳은 사람들이었다. 자연스럽게 남녀 간의 만남, 결혼, 자녀, 한 부모 가정, 고아, 저소득층 자녀들에게 관심을 갖기 시작했다.

그래서 지역에 있는 한 부모 자녀들과 싱글맘들을 섬기는 사역을 시작했다. 지역성에 맞는 섬김의 주제를 개발한 것이다. 그러다 보니 자연스럽게 성도의 책임감이 생기고, 섬김에 대한 책임감도 생겼다. 섬김 때문에 오히려 교회에 정착하는 일도 벌어졌다. 교회와 가깝게 사는 그들로부터 섬김의 주제가 만들어진 것이다.

지역과 가까운 섬김의 주제를 찾아야 한다. '가깝다'는 말은 일차적으로 단순히 그 지역 주변을 돕는다는 말이 될 수도 있다. 그러나 교회에 모인 성도들의 관심사와 가까운지도 고민해야 한다. 정직하게 말하자면, 한사람교회는 아직까지 어르신들을 품는 사역과는 가깝지 않은 것 같다. 지역성은 교회마다 다르므로, 하나님이 교회마다 가깝게 허락하신 주제들에 먼저 집중하는 것이 필요하다.

온라인 설교를 들으며 여기저기 떠돌아다니는 성도들은 앞으로 더욱 늘어날 것이다. 방구석에서 나오지 않는 성도들도 늘어날 것이다. 그들을 특정한 지역교회에 소속되게 만드는 일은 교회의 사명을 균형 있게 강조하는 것이다. 그것은 예배와 설교를 넘어선 섬김을 제안하는 것이다. 그들이 관심을 가지고 있는 주제와 관련된 섬김을 전략적으로 개발할 때 지역교회로 발걸음을 옮기는 성도들이 더욱 늘어나게 될 것이다.

(2) 지역을 섬기는 공간은 더욱 중요해진다

코로나19 사태로 비대면 문화가 확산되고 있다. 그러나 교회는 비대면에 속으면 안 된다. 예배와 설교만이 교회의 본질이라고 생각하는 비성경적인 생각이 바로 교회를 비대면 문화에 빨려들어가게 만든다. 섬김이 빠져서 그렇다. 섬기기 위해서는 교회는 대면적이어야 한다. 그리고 특정한 지역을 포기해서는 안 된다. 그 지역을 함께 섬겨야 하기 때문이다. 다양한 은사를 가진 사람들이 함께 섬김을 위해 부르심을 받는 것이다. 좋은 공간은 교회의 모임과 섬김이 동시에 일어날 수 있는 효과적인 수단이다. 결코 교회는 지역과 연결된 공간을 포기해서는 안 된다.

비대면 문화가 확장되는 현 추세에, 반대로 많은 IT기업들은 사옥을 매입하고 사무 공간 확장에 열을 올리고 있다고 한다. IT기업이야말로 원격근무를 할 수 있는 기술력이 충분한 회사들 아닌가? 실제로 IT기업이야말로 인재가 전부인 회사다. 사람이 곧 공장이 되는 산업이다. 서비스 자체는 비대면이지만 기획자, 개발자, 마케팅 담당자 등 수많은 사람의 대면 협업이 필요하다는 것이다.[5]

도시 사역으로 유명한 팀 켈러(Timothy J. Keller) 목사가 담임했던 리디머교회는 뉴욕이라는 지역 공동체를 위해 헌신하는 것으로 잘 알려져 있다. 그런데 그 구체적인 비전 중의 하나가 무엇인 줄 아는가? 새로운 부동산을 매입하는 것이다![6] 심지어 월세를 내는 것보다 건물을 매입하는 것이 교회 공동체적으로 더 나은 일이라고 홍보하기까지 한다. 부동산에 손을 대다니! 건물을 사는 것을 죄악시하는 한국 교회의 풍토와는 전혀 반대적인 행보다.

왜 그러한가? 단순히 교회가 공간을 매입하는 것이 문제가 아니다. 섬김을 위한 공간으로 활용하느냐가 관건인 것이다. 특별히 도시 교회를 개척하면서 믿지 않는 자들과 효과적으로 교류할 수 있는 공간을 확보하는 것이 필수적인 과제다.

이럴 때일수록 온라인 콘텐츠를 만들 것이 아니라 더욱 효율적인 공간 활용의 논의가 지속되어야 한다. 도시 개척이 화두가 되면서 여러 가지 공간 대관을 활용해 교회를 개척하는 사례가 늘고 있다. 지역을 섬기고 싶다면 지역과 관련된 공간 선정에 유의하라. 도시의 비싼 월세를 감당하기 어려운 것은 맞지만, 교회가 공간을 확보하는 것을 적대시하는 것은 결코 섬김의 사역에 도움이 되지 않는다. 모든 공간을 빌려서 모임을 확보할 수 있다는 생각은 좋지 않다.

재정적인 여유가 있는 교회들이라면 지역교회가 특정한 공간을 섬김을 위해 사용할 수 있도록 지원해주는 것이 지원의 한 방법일 수 있다.

새로운 섬김이 온다: 한사람교회는 어떻게 섬기는가?

코로나19 사태를 경험하며 한사람교회는 개척교회로서 섬김을 주도적으로 실행했다기보다는 훨씬 더 많은 섬김을 받은 수혜자임을 부인할 수 없다. 빚진 자의 마음을 가지고 앞으로 하나님 나라를 위한 섬김에 더 많이 동참하기를 다시 한 번 다짐할 뿐이다.

그렇다면 작은 교회, 소규모 성도는 예수님이 명하신 섬김의 주제에서 쓰임 받을 수 없는 것일까? 개척교회나 규모가 작은 교회들은 큰 교회의 섬김 사례들을 참고하다 보면 불필요한 무력함을 느끼거나 사역의 기획이 교회의 형편과 맞지 않음을 느낄 때가 많다. 헌금도 부족하고, 사람도 부족하고, 시설도 부족하기 때문이다.

한사람교회는 교인의 대부분이 직장 초년생들이고 교회의 규모도

크지 않기에 섬길 수 있는 기회와 능력도 적으리라 생각했다. 그러나 하나님은 규모와 상황에 따라 각기 다른 섬김의 기회를 주시는 분임을 깨달았다. 한사람교회가 고민하며 섬김을 실행했던 이야기들을 나눈다면 지역교회 목회자나 섬김을 기획하는 성도들에게 조금이나마 도움이 될 수 있으리라 생각한다. 한사람교회의 젊은 성도들이 고민하며 만들어가는 섬김의 방향 중에 두 가지를 소개하고자 한다.

1. 여행하며 섬기라 – 한사람태그(#tag)

대부분의 현대 젊은 성도들은 회사의 격한 업무와 자기계발, 취미 활동, 여행 등으로 교회 사역에 많은 시간을 내기가 어려운 일상을 살아가고 있다. 처음에는 다 핑계일 뿐이고, 섬김을 외면하는 젊은이들인 줄 알았다. 그러나 한 주간의 삶을 구체적으로 들어보니 섬기고 싶은 마음이 없다기보다 섬길 시간과 적절한 기회를 스스로 만들기 어려운 상황임을 발견하게 되었다. 평일에 집에 들어오면 밤 9시, 10시가 넘어가는데 어디를 가서 섬길 수 있겠는가? 유일하게 시간이 남는 토요일과 주일에 몇 가지 스케줄을 잡는 것을 단순히 섬김에 대한 외면이라고 할 수 있겠는가?

목회자로서 예수님의 이웃 사랑 명령과 성도의 현실 사이에서 치열한 고민이 있었다. 그들에게 무엇을 하고 싶은지 물었다. 그들은 쉬고 싶어 했다. 직장을 좀 쉬고 친한 사람들과 여행하고 싶어 했다. 하지만 여행 갈 사람을 모으고 여행을 기획하는 것마저 지쳐 있었다.

그러던 중에 누가복음 10장이 다시 읽혔다. 사마리아 사람이 강도 만난 이웃을 어떻게 만났는가? 분명히 여행 중이었다. 여행 중에 강도 만난 이웃을 발견하게 되었다. 한사람교회는 이를 사역에 적용했다. 젊은 친구들이 그토록 원하는 여행과 섬김을 연결시킨 것이다. 그것이 바로 '한사람태그(#tag)'다.

'태그'(tag)라는 말은 어떤 곳을 '찍는다', '터치한다'라는 의미가 있다. 교통카드를 버스에 '태그'한다는 표현이 그 예다. 한사람태그는 여행할 지역을 정한다. 다만 일정 속에 그 지역에서 꼭 태그해서 돌아와야 할 섬김의 장소를 함께 정한다. 보통은 화려한 여행지 뒤에 숨겨진 사역지, 교회, 봉사 기관들이 있다. 그곳을 태그할 지역으로 선정한다.

2019년 한사람교회는 태그 사역으로 제주도를 방문했다. "선교 가자", "봉사 가자"고 할 때는 우물쭈물 대던 청년들이 "태그 여행 가자"고 하니까 신청자가 엄청나게 몰렸다. 제주도에는 싱글맘들이 사회에서 도피해 지내는 '제주 애서원'이라는 곳이 있다. 싱글맘들과 아이들이 함께 거주하는 시설이다. 그 시설을 방문해 애서원 크리스마스 송년회 행사를 지원하는 일을 맡았다. 인형극을 통해 예수님을 증거할뿐더러 아버지를 잃은 아이들을 위한 선물을 준비했다.

사역 준비는 어렵지 않았다. 또한 나머지 스케줄은 청년들이 좋아하는 맛집, 여행지 관광 등으로 짰다. 2박 3일의 일정 안에 공동체 훈련, 심방, MT, 선교, 봉사 등 모든 것이 한 번에 이루어지는 기적을 경험했다.

사역을 기획하는 사역자들은 알 것이다. MT를 한 번 가도 예산이 문제다. 선교도 다 헌금이 필요하다. 재정 규모가 작은 교회들은 이 모든 것을 주제별로 나누어 진행할 수 없다. 그러나 한사람태그 사역을 진행하니 짧은 기간 여행과 섬김을 병행하면서 교회 내부적으로 공동체를 강화할 수 있었다.

비용은 어떻게 충당하는가? 청년들은 모두 자신이 여행을 갈 때 스스로 지출해야 할 비용이 얼마인지 알고 있다. 2박 3일을 개인이 여행하면 비용이 상당하다. 그러나 교회에서 개인이 지불해야 할 비용 이하의 금액을 회비로 산정한다. 그리고 회비는 모두 사역을 위해서 사용한다. 나머지 단체 식사, 숙박을 위한 비용을 교회에서 일정 부분 감당하면, 결코 재정적으로도 무리가 되지 않는 사역이 될 수 있다. 한사람교회 태그 사역 준비 과정을 요약하면 다음과 같다.

순서	내용	참고
1. 태그 지역 선정	• 여행지와 숨겨진 사역지	• 개척교회, 복지관, 선교단체, 요양원 등
2. 태그 일정 조율	• 사역지 태그를 포함한 맛집, 여행지 일정 계획 • 해당 사역지에 사역 협력 가능 여부 확인 (사역자 가정 식사 대접, 기관 봉사활동, 행사 진행, 전도 협력 등)	• 당일치기, 1박 2일, 2박 3일 등
3. 비용 산출	• 숙박, 차량, 해당 기관 헌금, 사역비 등 전체 예산 고려	• 개인이 여행할 경우 들어가는 총비용 이하의 회비가 적절

태그 사역을 하면서, 한사람교회 성도들은 '사역'을 한다는 느낌보다는 '교회 지체들과 신나게 여행한다'는 분위기를 더 많이 느꼈다. 그만큼 유쾌한 사역, 의미 있는 사역, 젊은이들이 좋아하는 사역이 될 수 있다는 것이다.

　　코로나 이후 많은 사람을 도와야 한다는 마음은 성도 누구나 가지고 있을 것이다. 당위를 강조하지 말고, 그들의 필요를 함께 채워줄 수 있는 포장지를 덧입혀라. 교회가 시도하는 작은 여행 속에서 강도 만난 자를 돕는 경험을 하게 될 것이다.

2. 군대가 아니라 팀으로 섬기라 – 무한도전 & 어벤져스(avengers) 이론

　　한사람교회에서 규모가 큰 교회들이 전통적으로 하고 있던 행사들을 따라 하려다가 포기한 것들이 있다. '전 교인 수련회', '연합 예배', '새생명축제'와 같은 집단 행동들이다. 한사람교회 젊은이들은 대규모 인원이 참여하는 일들을 별로 내키지 않아 했다. 왜 그런지 궁금했다. 그들이 원하는 '팀'의 규모가 달랐기 때문이었다.

　　이미 종영된 방송이지만, 그들이 추구하는 팀이란 한 방송국의 간판 예능 프로그램이었던 "무한도전"이나 유명한 SF 영화인 "어벤져스" 류의 팀이었다. 그들의 팀은 기껏해야 약 7명 안팎이다. 10명을 넘어가기 어렵다. 젊은이들은 그들이 우정을 나누고, 공동의 주제를 나누고, 공통의 미션에 도전하는 모습을 보고 자랐다. 그래서 대규모 협력, 대형 행사에 참여하는 것에 익숙하지 못했던 것이다.

실제적인 결과도 마찬가지였다. 한사람교회도 처음에는 큰 교회들이 하는 사역들을 따라 했다. 그런데 엄청난 비용의 숙식을 감당하기가 어려웠을뿐더러 공동체 강화에 도움이 되는지, 섬김의 열매가 충분히 맺히는지도 의문스러웠다. 섬김에 참여하는 한 사람이 섬김 사역 속에서 해야 할 명확한 업무 분장도 흐릿해지는 느낌이었다. 심지어 단체사진을 찍을 플래카드 한 장을 인쇄하는 데 들어가는 비용도 아깝다고 느낄 정도였다.

필자는 이것이 바로 코로나 이후 각 교회와 성도들이 감당해야 할 섬김의 구체적인 모습이라고 생각한다. 우리는 섬김을 대회(大會)라고 생각한다. 그래서 섬김이 행사가 되었다. 그렇지 않다. 섬김은 작아져야 한다. 섬김은 군대가 아니라 팀으로 이루어져야 한다. 이것이 앞으로 교회가 감당해야 할 섬김의 청사진이다. 섬김의 기회는 누구에게 있는가? 규모가 큰 교회인가? 반대로 규모가 작은 교회인가? 둘 다 아니라고 생각한다. 미래 섬김의 기회는 '팀을 만들 수 있는 교회'에게 주어질 것이다.

한사람교회는 연말 구제 사역에 팀 단위의 프레젠테이션을 진행한다. 섬김을 대규모 사역으로만 생각하지 않고 팀 단위로 실행하기 위함이다. 또한 평소에 느끼는 '헌금을 이렇게 써야 하는 게 맞지 않나?', '왜 이런 어려운 사람들을 돕지 않지?'라는 문제의식을 모두 담아 실제로 돕고 싶은 곳에, 돕고 싶은 만큼의 재정 집행이 이루어질 수 있도록 기회를 준다.

10명 이하의 팀들은 각기 다른 주제들을 내놓았다. '가난한 공무원 시험 준비생 무료 이사', '구청과 연계해 한 부모 가정 자녀 장학금 지급', '사진 찍는 재능을 활용한 싱글맘과 자녀 가족사진 찍어주기' 등. 각자 관심 있는 주제와 필요한 예산이 얼마인지도 발표했다. 예산이 많은지, 실행 가능성이 있는지, 실효가 있는지 질의응답하는 시간도 가졌다. 치열했고, 자신의 섬김 기획에 대한 논리에 공격이 들어오면 방어하기도 했다. 자신이 관심 있는 섬김의 주제를 가지고 소규모 팀으로 일하게 만드니 참여도가 훨씬 높았다.

그런데 뜻밖의 반응이 있었다. 의외였다. 성도들이 회개하고 반성하기 시작했다. 그간 교회가 섬기지 않는다고 불평하고, 헌금을 제대로 사용하지 않는다고 비판만 했었다. 그런데 직접 섬김에 돈을 쓰라고 줘보니, 직접 원하는 일을 해보라고 하니 섬김을 기획하고 실행하며 돈을 효율적으로 집행하는 일이 얼마나 어려운지를 깨닫게 된 것이다.

교회 리더십의 기획과 가이드라인을 적극적으로 따르고 도움을 구하기 시작했다. 팀 단위의 섬김에 책임감과 권한을 위임하자 오히려 교회 전체적인 공동체 역량의 강화가 이루어진 것이다.

우리 교회의 현재 섬김의 모습은 어떤가? 섬김을 위한 재정 집행을 요구하기에는 교회의 의사결정이 너무 느리고, 너무 요원한 것은 아닌가? 교회의 이름, 전체가 참여하는 섬김에는 관심이 있지만 성도들이 팀 단위로 뭉쳐 섬김을 시도하는 것에는 지원과 격려가 무심하지는 않은가? 군대가 아니라 팀으로 섬겨라. 성도들은 전 교인이 아니라 '나의 팀'을 원한다.

섬김에 뒷받침되어야 할 소중한 순종 : 십일조

한국 교회에 지혜로운 섬김이 더욱 활성화되기를 바라는 마음을 담아, 섬김을 지속시키는 가장 지혜롭고도 전통적인 방법 한 가지를 제안하고 강조하고자 한다. 그것은 바로 십일조다. 십일조는 많은 경우 교회의 내부적인 확장만을 위해 쓰이며 부자 기독교의 상징이라는 오해를 받아왔다. 많은 부분 그 비판을 수긍하고, 하나님 앞에서 회개해야 할 부분이 있음에 기꺼이 동의한다.

그럼에도 불구하고, 현대사회를 살아가는 일반 성도들이 평생에 하나님 나라에 쉽게 참여할 수 있는 유일한 길은 철저한 십일조 생활임을 확신한다. 직장생활의 경험을 바탕으로 생각해보건대, 현대인들의 일상은 치열함 그 자체다. 산업은 고도화되고 지식의 전문성은 늘어나면서 각자가 일하는 업무의 분야와 스케줄이 천차만별이다. 그들에게 평일 모임, 저녁 모임, 각종 봉사에 참여하는 것은 결코 쉽지 않은 일이다.

실제로 20대 전부를 교회에서 진행하는 각종 선교와 성경공부에 참여한 한 청년을 본 적이 있다. 그가 하나님께 드린 20대의 시간과 물질은 진정성이 담긴 것이었다. 그러나 30대가 지나서 그는 취업을 위한 준비도 하지 못한 채 실업급여를 받으며 자신의 남은 인생을 방황하기 시작했다.

그의 헌신은 거짓이었는가? 그렇게 생각하지 않는다. 만약 그렇다면 왜 이런 일이 발생한 것인가? 섬김의 방식을 교회 안에, 육체적인 시간 안에 가두었기 때문이다. 실제로 앞서 소개한 『힘든 곳의 지역교회』의 저자는 섬김의 중요한 원리 중에 하나로 "모든 희생이 전략적인 것은 아니다"라고 단언한다.[7]

오히려 이 시대를 향한 성도들의 섬김은 철저한 십일조 생활에 있다. 내가 업무에 집중하는 만큼, 내가 사업에 집중하는 만큼 하나님이 주신 재정적인 필요를 교회와 하나님 나라를 위해 꾸준히 되돌려드리는 것이다.

성도는 결코 하나님께 먼저 드릴 수 없다. 하나님은 먼저 주시는 분이다. 하나님은 그분의 독생자 예수 그리스도를 십자가에 죽이심으로 우리에게 모든 것을 내어주셨다. 그러므로 믿는 자들은 하나님께 드리기 이전에 먼저 받은 자다. 받은 자만 내어드릴 수 있다. 십일조는 결코 구원의 조건이 아니다. 하나님과의 거래 수단도 아니다. 그러나 하나님이 우리를 구원하실 뿐만 아니라 삶 속에서 거저 주신 은혜 중의 하나가 재정적인 것임을 인정할 때 나의 물질을 우선적으로 하나님께 돌려드리는 것은 아름다운 일이다.

다만 교회적으로는 십일조의 사용에 의미를 부여하려는 노력이 병행되어야 한다. 실제로 재정의 투명성을 강조하면서 많은 교회에서 교회 재정 사용을 투명하게 공개하는 경우가 있다. 심지어 담임목회자가 누구와 만나서 식사를 했는지, 식사하는 데 얼마를 지출했는지까지 상세하게 공개된다. 그러나 놓치고 있는 것이 있다. 성도들은 단순히 재정적인 투명성 자체만을 원하는 것이 아니라는 점이다. 성도들은 돈을 통해 이루어지는 하나님 나라의 이야기를 찾고 있다. 스토리를 듣고 싶은 것이다.

한사람교회 성도들도 직장 속에서 치열하게 살아가는 성도들이 많이 있다. 그래서 섬김을 위한 구체적인 실천으로 십일조를 권면한다. 그리고 교회 홈페이지에 "십일조 이야기"를 만들었다. 구제나 선교, 장학 등에 재정 집행을 하게 된 경우, 어떤 경로에서 이들이 우리 교회를 만나게 되었고, 어떤 사유에서 해당 규모의 지출을 결의했는지 소개해주는 것이다. 고민을 하는 성도들도 많이 있지만, 그래도 많은 성도가 물질을 통한 헌신이 가장 바람직하고 현실적인 섬김의 방안이라는 데 동의하고 있다.

끝까지 서 있는 한국 교회를 기대하며

예수님은 제자들을 모으시고 떡과 잔을 나누셨다. 그리고 섬기는 자가 되라고 명하셨다. 그러면서 하신 말씀이 흥미롭다.

"앉아서 먹는 자가 크냐 섬기는 자가 크냐 앉아서 먹는 자가 아니냐 그러나 나는 섬기는 자로 너희 중에 있노라"(눅 22:27).

앉아서 먹는 자가 상전이었다. 서빙하는 사람은 서 있는 사람이었다. 예수님을 자신을 '섬기는 자'로 소개하셨다. 그렇다면 예수님은 서 계셨을까, 앉아 계셨을까? 예수님은 서 계셨던 것 같다. 예수님은 제자들 앞에서 끝까지 서 있는 자, 서빙하는 자, 섬기는 자로 존재하셨다.

코로나 이후 한국 교회는 이웃을 어떻게 섬겨야 할까? 가까운 이웃과 협력해야 할 것이다. 지역성을 활용한 섬김의 주제를 만들고, 적실한 섬김을 통해 운동을 일으켜야 한다. 전략과 통찰은 얼마든지 찾을 수 있다.

그러나 예수님의 마음을 기억하자. 예수님은 우리 앞에 끝까지 서 계셨다. 서서 섬기신 그분이, 십자가에서도 서 계셨다. 영원히 우리를 서서 섬기실 예수님 앞에, 한국 교회와 성도들도 한국의 잃어버린 영혼들 앞에 끝까지 서 있는 자로 존재하기를 기도한다.

서창희 강도사

서울 낙성대역 부근에서 한사람교회를 개척해 섬기고 있다. 대학교 졸업 후 3년간 직장에서 분투하다가 사람을 회심시키는 일에 재미와 의미를 느끼고 목회자의 길을 걷기 시작했다. 지인 몇 명과 단출하게 시작했지만 교회 홈페이지에 올라온 설교와 칼럼이 입소문을 타면서 사람들이 하나둘 찾아들었다. 이 시대 문화를 예리하게 분석하면서 복음의 강력한 힘을 전달하는 서창희 강도사의 설교는 교회를 전혀 가본 적 없거나 예전에 다녔어도 실망과 상처로 교회에 발길을 끊었던 이들에게 놀라운 회심의 기회가 되고 있다. 저서로는 『내 인생, 여기서 끝나지 않는다』, 『친구를 위한 복음』(이상 생명의말씀사)이 있다.

● 함께 나누는 이야기

1. 코로나 기간에 자신이 속한 교회나 주변 교회의 섬김 중에 가장 인상 깊었던 섬김의 모습은 무엇이었습니까? 왜 그러한 섬김이 의미 있다고 생각하십니까?

   _____

   _____

2. 누가복음 10장 33절을 읽어봅시다("어떤 사마리아 사람은 여행하는 중 거기 이르러 그를 보고 불쌍히 여겨"). 사마리아 사람은 섬김의 기회를 언제 발견했습니까? 하나님이 주신 우리의 일상 속에서 직면해야 할 작은 섬김의 기회는 어떤 것들이 있습니까?

   _____

   _____

3. 보람 있는 일을 교회 또는 다른 사람과 함께 했던 적이 있습니까? 홀로 하는 섬김에 비해서 어떤 유익이 있었습니까? 섬김을 위해 주변에 함께 할 수 있는 팀을 만든다면 누구에게 제안하시겠습니까? 팀을 위한 고민을 해봅시다.

   _____

   _____

The Restoring Church

4. 주변 사람들이 관심을 갖는 사회적인 문제는 무엇입니까? 최근에 관심이 가는 사회적인 이슈가 있습니까? 이와 관련해 자신이 생각하는 섬김의 주제들을 나누어봅시다.

5. 바쁜 일상 속에서 꾸준한 섬김을 잊지 않는 방법은 물질로 섬기는 것입니다. 하나님이 내게 주신 물질적인 것들을 꾸준히 하나님 나라를 위해 돌려드리기 위한 노력을 지속하고 있습니까? 어렵고 부족한 중에 하나님이 주신 물질로 하나님 나라와 이웃을 섬겼던 경험을 나누어봅시다.

주

1. 예배의 회복

1) 자세한 통계에 대해서는 다음을 참조하라. http://mhdata.or.kr/mailing/Numbers42th_200410_Full.pdf
2) "온라인 예배, 콘텐츠 비교 통한 '소비자 중심 영성' 우려", 크리스천투데이. https://www.christiantoday.co.kr/news/330761?fbclid=IwAR10nkp1Mta0Cq8QYHNBzTxjU3JJvjtASZukM9IRgVSuRzFw3tHdKHQJfBY
3) 문화랑, 『예배학 지도 그리기』(서울: 이레서원, 2020), p. 43.
4) 휴즈 올리판트 올드, 『성경에 따라 개혁된 예배』, 김상구 역(서울: CLC, 2020), p. 62.
5) Todd Billings, *Calvin, Participation, and the Gifts* (New York: Oxford University Press, 2007), p. 12.
6) 테레사 베르거, 『예배, 디지털 세상을 만나다』, 안선희 역(서울: CLC, 2020), pp. 112-121.
7) 문화랑, 앞의 책, pp. 41-43.
8) "Constitution on the Sacred Liturgy of the Roman Catholic Church" in Austin P. Flannery, *Vatican Council II: The Conciliar and Post Conciliar Documents* (Collegeville: Liturgical Press, 1975), pp. 16-17.
9) James K. A. Smith, *Desiring the Kingdom: Worship, Worldview, and Cultural Formation* (Grand Rapids: Baker, 2009), p. 23.
10) 문화랑, 앞의 책, p. 53.
11) E. Byron Anderson, *Worship and Christian Identity: Practicing Ourselves* (Collegeville: Liturgical Press, 2003), pp. 193-194.

12) Don E. Saliers, *Worship and Spirituality*(Memphis: Order of St. Luke Publishing, 1996), p. 20.
13) Jaroslav Pelikan, *The Vindication of Tradition: The 1983 Jefferson Lecture in the Humanities*(New Haven: Yale University Press, 1984), p. 65.

2. 말씀의 회복

1) Charles Spurgeon, "Cries from the Cross," in *The Metropolitan Tabernacle Pulpit Sermons: Vol. 44*(London: Passmore & Alabaster, 1898).
2) J. B. 필립스, 『당신의 하나님은 너무 작다』, 홍병룡 역(서울: 바이블웨이, 2016).
3) 바트 어만, 『고통, 인간의 문제인가 신의 문제인가』, 이화인 역(서울: 갈라파고스, 2016), p. 18.
4) 팀 켈러, 『고통에 답하다』, 최종훈 역(서울: 두란노, 2018), 4장을 보라.
5) 존 파이퍼, 『열방을 향해 가라』, 김대영 역(서울: 좋은씨앗, 2003), pp. 155-156.
6) 이러한 의미에서 바트 어만은 틀렸다. 그는 비록 고통의 문제 때문에 신앙을 버렸지만, 필자는 그가 고통의 문제를 궁극적으로 해결하기 위해 십자가에서 온몸으로 고통을 겪으신 성자 하나님을 다시 바라보고 진심으로 돌이켰으면 좋겠다.
7) 필자는 이미 하나님이 선악과를 왜 금지하셨는지, 그리고 그러한 하나님이 어떻게 선하신지에 대한 논증을 졸저 『새가족반』에서 제시한 적이 있다. 이정규, 『새가족반』(서울: 복있는사람, 2018), pp. 80-86을 보라.
8) Geerhardus Vos, *Biblical Theology: Old and New Testaments*(Eugene, OR: Wipf & Stock Publishers, 2003), pp. 29-30.
9) https://www.desiringgod.org/messages/i-will-magnify-god-with-thanksgiving

3. 공동체의 회복

1) Hendrik Kraemer, *The Christian Message in a Non-Christian World*(London: Edinburgh House Press, 1947), p. 24, 26; 데이비드 J. 보쉬, 『변화하고 있는 선교』, 김병길, 장훈태 역(서울: CLC, 2000), p. 25에서 재인용.
2) 앨런 허쉬, 『잊혀진 교회의 길』, 오찬규 역(서울: 아르카, 2020), p. 95.
3) 엘리 위젤, 『나이트』, 김하락 역(서울: 예담, 2007)에 나오는 유명한 이야기다.
4) 데이비드 J. 보쉬, 앞의 책, pp. 25-26.

5) 앨런 허쉬, 앞의 책 7장 "경계성과 커뮤니타스"는 위기와 공동체 형성에 관한 주제를 생각하는 데 많은 통찰을 제공한다.

4. 양육과 훈련의 회복

1) 주일학교사역자연구소의 조사에 의하면, "학생들이 온라인 예배에 잘 집중하고 적응한다고 생각하느냐?"는 질문에 75%가 "아니오"라고 답했으며, "온라인 예배 외에 주일학교 공과공부, 혹은 성경공부를 온라인으로 진행했느냐?"는 질문에 82.9%가 역시 부정적인 답변을 내놓았다.
2) 한국목회자협의회 등은 지앤컴리서치에 의뢰, 전국 만 18세 이상 남녀 기독교인을 대상으로 "코로나19로 인한 한국 교회 영향도 조사"를 실시했다. "코로나19로 인한 한국 교회 영향도 조사 보고서", ㈜지앤컴리서치, 2020년 4월 9일
3) 로드니 스타크, 『기독교의 발흥』, 손현선 역(서울: 좋은씨앗), 4장 "역병, 네트워크, 개종", pp.117-119, 129.
4) 옥한흠, 『평신도를 깨운다』(서울: 국제제자훈련원), 23장 "소그룹 환경", p. 238.
5) 로버트 콜먼, 『주님의 전도계획』, 홍성철 역(서울: 생명의말씀사), 1장 "선택", p. 21, 31.
6) 에미 양, "코로나19를 피하려는 우리의 행동은 믿음 없는 행동인가", 크리스채너티 투데이 한국판, 2020년 4월호, p. 12.

5. 세계관의 회복

1) C. S. 루이스, 『인간 폐지』, 이종태 역(서울: 홍성사, 2006), p. 92.
2) 이일영, 정준영, 『뉴노멀』(서울: 커뮤니케이션북스, 2017), ix-xi.
3) Sanche S, Lin YT, Xu C, Romero-Severson E, Hengartner N, Ke R. *High contagiousness and rapid spread of severe acute respiratory syndrome coronavirus 2.* Emerg Infect Dis. 2020 Jul [date cited]. https://doi.org/10.3201/eid2607.200282
4) 홍윤철, 『팬데믹』(서울: 포르체, 2020), 1장.
5) 같은 책, p. 40.
6) 김호기, "김호기의 굿모닝 2020s", 한국일보, 2020년 4월 21일, 24면.
7) Yuval Noah Harari, *The world after coronavirus*, 안정락 역(Financial Times, 3월 20일). https://www.hankyung.com/international/article/202003220926i
8) Yuval Noah Harari, *Homo Deus: A brief history of tomorrow*(London: Random House, 2016), p. 2.

9) Giorgio Agamben, *Clarifications*(European Journal of Psychoanalysis, 2020년 3월 17일). http://www.journal-psychoanalysis.eu/coronavirus-and-philosophers/
10) Aristides, Ap., XV, Syriac version.
11) Carl R. Trueman, *Deaths Delayed*(First Things, 2020년 3월 31일). https://www.firstthings.com/web-exclusives/2020/03/deaths-delayed
12) 르네 지라르, 『나는 사탄이 번개처럼 떨어지는 것을 본다』, 김진식 역(서울: 문학과지성사, 2004), p. 80.
13) 다음 책을 참조하라. Richard J. Mouw, *Politics and the biblical drama*(Grand Rapids: Eerdmans, 1976); 『무례한 기독교』, 홍병룡 역(서울: IVP, 2014).

6. 사회적 책임과 섬김의 회복

1) 해당 기사 참조. https://www.christiantoday.co.kr/news/330726
2) https://www.sls.or.kr/_bbs/index.php?mid=thankyou&page=7&document_srl=3083135
3) https://www.sls.or.kr/_bbs/index.php?&mid=thankyou&search_target=title_content&search_keyword=%ED%8C%8C%ED%8A%B8%EB%84%88&document_srl=3083044
4) 메즈 맥코넬, 마이크 맥킨리, 『힘든 곳의 지역교회』, 김태곤 역(서울: 개혁된실천사, 2020), p. 105.
5) https://news.joins.com/article/23760035?fbclid=IwAR3w2PAFeIpfnuci1Oo0daTOmHoHr6WBibQDfqrYf936LLQ4CX6hdwucl_8#home
6) https://rise.redeemer.com/new-buildings/
7) 메즈 맥코넬, 마이크 맥킨리, 앞의 책, p. 241.

사명선언문

너희가 흠이 없고 순전하여……세상에서 그들 가운데 빛들로
나타내며 생명의 말씀을 밝혀 _ 빌 2:15-16

1. 생명을 담겠습니다
만드는 책에 주님 주신 생명을 담겠습니다.
그 책으로 복음을 선포하겠습니다.

2. 말씀을 밝히겠습니다
생명의 근본은 말씀입니다.
말씀을 밝혀 성도와 교회의 성장을 돕겠습니다.

3. 빛이 되겠습니다
시대와 영혼의 어두움을 밝혀 주님 앞으로 이끄는
빛이 되는 책을 만들겠습니다.

4. 순전히 행하겠습니다
책을 만들고 전하는 일과 경영하는 일에 부끄러움이 없는
정직함으로 행하겠습니다.

5. 끝까지 전파하겠습니다
모든 사람에게, 땅 끝까지, 주님 오시는 그날까지
복음을 전하는 사명을 다하겠습니다.

서점 안내

광화문점	서울시 종로구 새문안로 69 구세군회관 1층 02)737-2288 / 02)737-4623(F)
강남점	서울시 서초구 신반포로 177 반포쇼핑타운 3동 2층 02)595-1211 / 02)595-3549(F)
구로점	서울시 동작구 시흥대로 602, 3층 302호 02)858-8744 / 02)838-0653(F)
노원점	서울시 노원구 동일로 1366 삼봉빌딩 지하 1층 02)938-7979 / 02)3391-6169(F)
분당점	경기도 성남시 분당구 황새울로 315 대현빌딩 3층 031)707-5566 / 031)707-4999(F)
일산점	경기도 고양시 일산서구 중앙로 1391 레이크타운 지하 1층 031)916-8787 / 031)916-8788(F)
의정부점	경기도 의정부시 청사로47번길 12 성산타워 3층 031)845-0600 / 031)852-6930(F)
인터넷서점	www.lifebook.co.kr